捨てる勇気100

順天堂大学医学部教授
小林弘幸

宝島社

はじめに

捨てる勇気を持てば新しい人生がはじまる

私たちは毎日、たくさんのものや情報に触れながら生きています。豊かで便利な時代ではあるのですが、ものがあふれすぎて整理できていない状態というのは、私たちの心や体に少なからぬダメージを与えるものです。

散らかった部屋の中からものを探す時間を苦痛に感じたり、人脈を広げすぎて気の合わない人までどんどん増えていったり、という経験は誰にでもあるでしょう。増えすぎたものを思い切って「捨てる」決断をしなければ、私たちの体を司《つかさど》る自律神経が乱れてゆき、心身のコンディションがみるみる低下していくのです。

しかし世の中には、「捨てられない」ことに悩む人がたくさんいます。そういう人はおそらく、「捨てる」という行為にマイナスのイメージを持ちすぎているのかもしれません。捨てるという行為には、もちろん「手放す」「失う」という面があるのですが、同時に「何かを得る」ための行為でもあると私は考えます。

ものを捨てれば、そこには新しいスペースと快適な時間が生まれますし、ストレスフルな人間関係を断てば、もっと気の合う魅力的な人と出会えるチャンスがめぐってくることでしょう。ひとたび「捨てる勇気」を持てば、心も体も身軽になって新しい人生をスタートさせることができるのです。

本書では、そんな「捨てる勇気」を手に入れるための１００のメソッドをお伝えします。この本によって、みなさんが「捨てる」ことに対するイメージを一新し、希望あふれる毎日を送れるようになれば、これに勝る喜びはありません。

小林弘幸

自律神経とは何か？

アクセルとブレーキのバランスが心身のコンディションを左右する

自律神経が整う「捨てる勇気」について解説する前に、「そもそも自律神経とはどんなものなのか？」を簡単にご紹介しておきましょう。

私たちは毎日、手や足などを自分の意思で動かしながら生活をしていますが、一方で、内臓や血管などは自分の意思で動かすことはできません。

このような、「自分の意思で動かすことができない部分」をコントロールするのが自律神経の役割。人間が生きていくために必要なシステムを維持するために、私たちの意思によらず自律的に働いてくれているのです。

自律神経には「交感神経」と「副交感神経」の2つがあります。この2つは車の「アクセル」と「ブレーキ」にたとえることができ、運動をしたり興奮したりしたときに交感神経が高まり、逆にリラックス状態のときには副交感神経が高まるようになっています。

このサイクルが乱れると、夜に眠れなくなったり、逆に日中に頭がぼうっとしたり、なんとなく心や体の調子が悪いと感じるといった数々の不調につながるのです。

自律神経の特徴を知り、そのバランスがうまく整うような生き方を実践することで、心身のコンディションはみるみるうちに高まっていきます。そのカギを握るのが、本書で解説する「捨てる勇気」なのです。

体内のシステムを司る自律神経

自律神経

血管や内臓など「人間が自分の意思で動かせない部分」をコントロールする働きを持つ。

交感神経

車でいうアクセル。
運動や緊張、興奮などによって高まる。

副交感神経

車でいうブレーキ。
リラックス状態のときに高まる。

一日の自律神経のサイクル

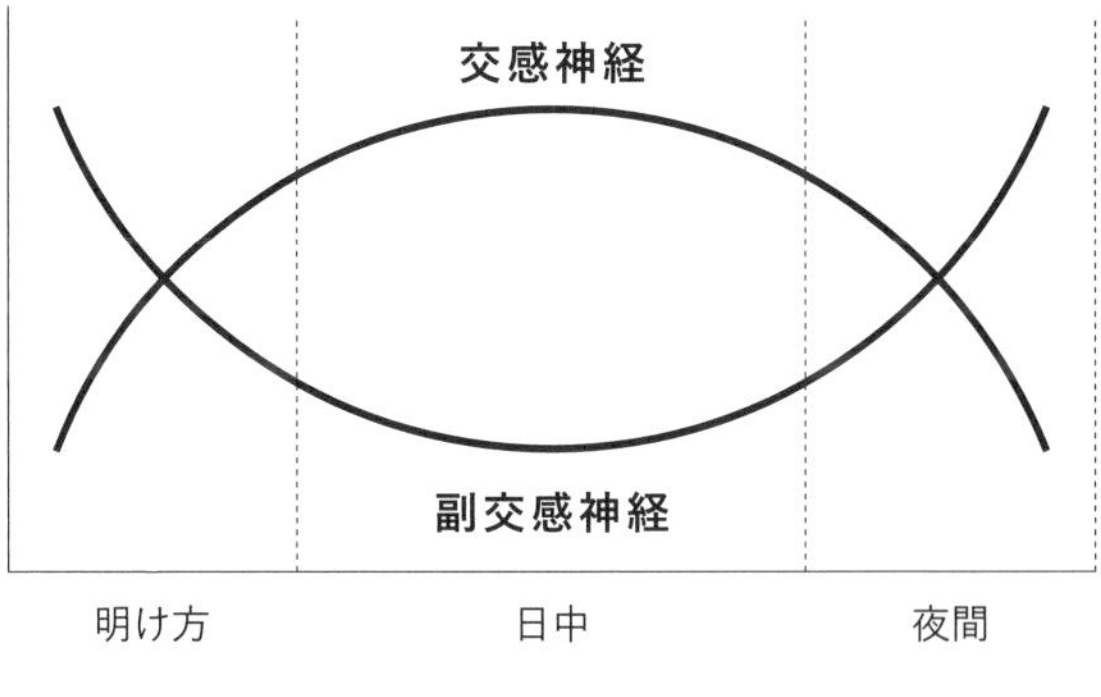

活発に動く日中は交感神経が優位に、そして夕方から夜にかけてリラックスモードに切り替わると、副交感神経が高まる。

捨てる勇気100　目次

第2章
生活習慣を捨てる

第3章 これまでの考え方やクセを捨てる

第4章

食事の常識を捨てる

第5章 人間関係を捨てる

第1章

身の回りのものを捨てる

001
「不要な選択」を生み出すアイテムは全部捨てる

人間にとって、ストレスになる行為はいくつもありますが、「何かを選ぶ」こともそのうちのひとつです。「選ばなくてはいけない」という状況は、自律神経を乱し、コンディションを悪くする一因となってしまいます。

とはいえ、「人生は選択の連続」という言葉があるように、生活する中で重要な決定を下さなければならない状況はいくらでも訪れることでしょう。**だからこそ、自分でコントロールできる部分については、できるだけ選択をしなくていい環境をつくるようにしましょう。**

おすすめなのがクローゼットを整理し、スッキリとストレスフリーな状態をつくっておくことです。「これは着るかな？　着ないかな？」と迷うような服やネクタイ、アクセサリーなどのアイテムは、捨てるか、もったいないので寄付をするなどしてクローゼットから取り除きましょう。

選択のストレスを減らすこと以外にも、服を捨てることにはメリットがあります。コンディションがいいときにはクローゼットの中が多少雑然としていても気になりませんが、調子の悪いときにクローゼットを開けて、いらない服が散らかっていたりすると、それだけでやる気が失せてしまったり、イライラしたりしてしまいます。調子が悪くなくても、重要なプレゼンテーションの前日や重要な試験が迫っているなど、ストレスがかかっている状況でそんなクローゼットを見たら、一気に自律神経は乱れるでしょう。

そういうことを避けるために、あらかじめ自分の周囲を片づけておき、ストレスを受ける要素を減らしておくことが重要になるのです。

持ち物を減らして選択肢を絞る

002 仕事場にあるものは半年周期で全部捨てる

たとえ一度片づけたとしても、いらないものはどんどん増えていきます。特に仕事に使う資料や文献、書籍、情報、備品などといったものは、日々の業務をこなしていくうちに増えていってしまいます。仕事場のものについては、半年ごとに捨てられるものはすべて捨ててしまうといいでしょう。そうすることで、いつも好調を維持できるシンプルな暮らしが手に入るのです。

捨てることとは、古いものやいらないものを減らすだけでなく、新しいものを循環させ、ストレスを減らすことにもつながります。ストレスの減少によって自律神経が整い、心身のパフォーマンスも向上し、仕事の能率も上がります。

そして、新しいものが循環する仕事場は常に「新陳代謝」をしていることになります。人間の体と同様に、不要なもの＝老廃物を排出するデトックスを行い、質のよい新しいものを取り込む新陳代謝をさせることで、その仕事場は健康な状態を保つことができるのです。そして、そこで働いているあなたの心身も健やかになり、脳の働きもクリアになっていくというわけです。

ですので、仕事場であれば半年、自宅なども半年から1年をめどにして片づけることで新陳代謝を促していきましょう。**最初に片づけるときには、片づけたい場所を小さなエリアに分け、一日20分や30分と時間を決めてひとつのエリアを片づけるとよいでしょう**。これを1カ月も行えば、すべて片づくことになります。

一度しっかりと片づけを行えば、それ以降の片づけはそれほど大変なものではありません。なぜなら、一日1カ所の片づけを繰り返しているうちに、あなたの片づける能力やセンスはどんどん向上していくからです。

☑ 細かいエリアに分けて一日1エリアを片づける

003 1年間着倒した服は思い切って捨てる

人間は惰性で生きがちなものです。しかし、生活に追われたまま惰性で生きることは、自律神経が乱れたままで生活し、人を老いさせることにつながります。惰性から抜け出し、自分を一新するためには、やはりワードローブを一新することがおすすめです。

自分を一新したい、スキルアップしたい、心身のパフォーマンスを上げたい、と思ったら、**まずは惰性や日々のストレスの中で乱れた自律神経をリカバリー、リフレッシュする必要があります。そんなときにワードローブの整理が効果的なのです。**

ワードローブを片づける周期は1年間がおすすめ。年末年始でも、年度末でもいいのですが、年に1度、自分の服を整理する時期をつくるとよいでしょう。ワードローブを片づけるコツは2つです。一つは「1年使い切った服」を処分すること。

日々スーツで仕事している人であれば、3着のスーツ、10枚のワイシャツを1年間で使い切る。そうして1年使い切った服を捨て、新たなスーツとワイシャツを同じ数だけ購入していきます。こうすることで先述した「選ぶ労力」を減らすこともできます。

そしてもう一つが「1年間着なかった服」を思い切って捨てることです。1年間着なかった服を「いつか着るかもしれない」と思って置いておくことは、まさに自分の中の惰性をそのままにしておくことになります。自分の中の惰性を断ち切るために、1年間着なかった服は捨ててしまいましょう。

✓ワードローブは1年に1回空っぽにする

004

1シーズンしか使わないものは2年周期で捨てる

スーツやワイシャツなどの毎日着る服と違って、コートやブルゾンといったシーズンごとに着る服については「1年で捨てる」サイクルで考える必要はありません。しかし、コートなども2～3年もたつと流行のデザインが変わっていきますから、1シーズンしか使わないものは2年周期で処分してしまうことをおすすめします。オールシーズン使うものは1年、シーズンごとの衣服は2年サイクルでクローゼットを整理するというわけです。

また、ファッション小物も定期的な整理が必要です。マフラーのようなシーズンもの以外にも、スカーフ、ベルト、ハンカチーフなど、毎日使うわけではない小物もありますが、これらも2年を目安に整理しましょう。こうすることで、シンプルかつおしゃれなクローゼットを維持することができます。日々のコーディネートに悩んだり、衣替えに手間をかけたりする必要もなくなるでしょう。

人間のストレスは対人関係のものが9割を占めるといわれます。しかし、対人関係のストレスは相手がいることですから、自分で簡単になくしたり、変えたりすることは困難です。であれば、**残り１割のストレスを減らすことが重要になります。この１割のストレスはほとんどが生活環境によるものです**。できるだけ、ものの少ない、スッキリとした環境をつくり出すことで、ストレスを軽減させることができるのです。いらない洋服や靴、小物はスペースを無駄にとり、日々、見えないストレスを私たちに与えてくるのです。捨てるときに「もったいない」と思う気持ちもあるでしょうが、そのストレスは一瞬。もったいないと思う気持ちを手放し、ストレス源となっているものをなくしましょう。

☑毎日使う服は1年、シーズンものは2年で整理

005

小物類は5点を残して全部捨てる

クローゼットを整理するときに、衣服の整理以上に手間がかかってしまうのがネクタイやベルト、靴、メガネといった小物類です。男性の場合は、洋服にはそれほどこだわりがないけれど、靴やネクタイにはこだわる、という人も少なくないでしょう。気づくとクローゼット内の引き出しや靴箱が、使わないものであふれかえっている、ということもよくあります。

小物類は前項でお伝えしたとおり、1～2年周期で捨てるのがおすすめですが、それ以前に、必要な数だけを残すのがいいでしょう。具体的にはネクタイ、ベルト、靴はそれぞれ5本や5足に絞ります。メガネをかけている人は、3本を残して捨ててしまいましょう。**使わなくなったメガネを「壊れたときのために」と残**

しておく人も多いと思いますが、壊れたときはリフレッシュのチャンスと考えて新しいものを買ってしまうのです。

ポイントになるのは自分にとってリーズナブルといえる値段のもので揃えることです。このぐらいであれば2年に1回（あるいは1年に1回）買い替えても負担にならない、という値段にしておきましょう。

小物類の交換には気分を一新し、副交感神経の働きを高め、自律神経のバランスを整える効果がありますが、それ以外にもメリットがあります。メガネの場合、つくるときには必ず視力検査をしますから、気づかないうちに度が合わなくなっていて視力が下がっていた、ということを防ぐことができるのです。

クローゼットや靴箱に、使わないものや使いこなせないものがたまっていることはすなわち、ストレスをためることにつながるのです。

☑ ネクタイやベルトは5点、メガネは3点だけ

006

自宅に持ち込んだ仕事の資料を捨てる

家というのは、仕事の疲れを癒やし、リラックスするための空間です。自宅で仕事をしているという人であれば別ですが、自宅にはできる限り、仕事の資料は置かないようにしましょう。仕事の資料は、自宅の余計なものとして、どんどん整理して片づけます。使わないものは捨て、必要なものは職場に置くようにしましょう。自宅はプライベートの空間だと割り切って、そこに向かって片づけていくのです。

どうしても自宅で仕事をしなくてはいけないという場合であっても、仕事の間だけは置いておいてもいいですが、仕事が終わり次第、片づけるようにしましょう。

家具や壁紙にこだわって、おしゃれに住みやすい自宅をつくろう、という人もいると思いますが、私のようにインテリアのセンスがないことをわかっている人であれば、**雑誌に載っているようなすてきな部屋を目指すことをあきらめ、きれいに片づいているということだけを目指すのです**。

そうすることで、余計なプレッシャーを感じたり、ストレスを受けたりすることがなくなります。物理的な片づけだけでなく、心の中まで整理してしまうのがポイントなのです。

あきらめるというとマイナスなイメージを持つ人もいるでしょうが、実際にやってみると、案外うしろ向きな気持ちにはならないものです。むしろ、自分にできること、できないことを明らかにすることで、気持ちがスッキリして、できることに注力し、よりスムーズに片づけられるようになります。できない分野に労力を費やすことはやめて、自分のできる分野に労力を注いでいきましょう。

☑ できないことは「心の片づけ」であきらめる

007

思い出の写真やビデオはデータ化して捨てる

心身の好調につながるシンプルな暮らしをするためには、古い資料や文献、写真、ビデオなどを、過去にとらわれず処分する思い切りも必要です。

あなたは、結婚式などの人生のイベントの記録を頻繁に見返すタイプでしょうか？　あるいは、古いものは振り返らないタイプでしょうか？

振り返らないタイプだとしても、昔の写真や記録ビデオを「使わないもの」として捨ててしまうことには抵抗がある人も多いでしょう。逆に、頻繁に見返す場合、紙焼きの写真やビデオテープ、ＤＶＤなどの媒体は経年劣化が心配になります。

あなたがいずれのタイプだとしても、古い写真やビデオなどはデータ化するのがおすすめです。**データ化してパソコンにストックし、アルバムやＤＶＤ、ビ**

☑ 思い出はデータに残し、物理メディアは捨てる

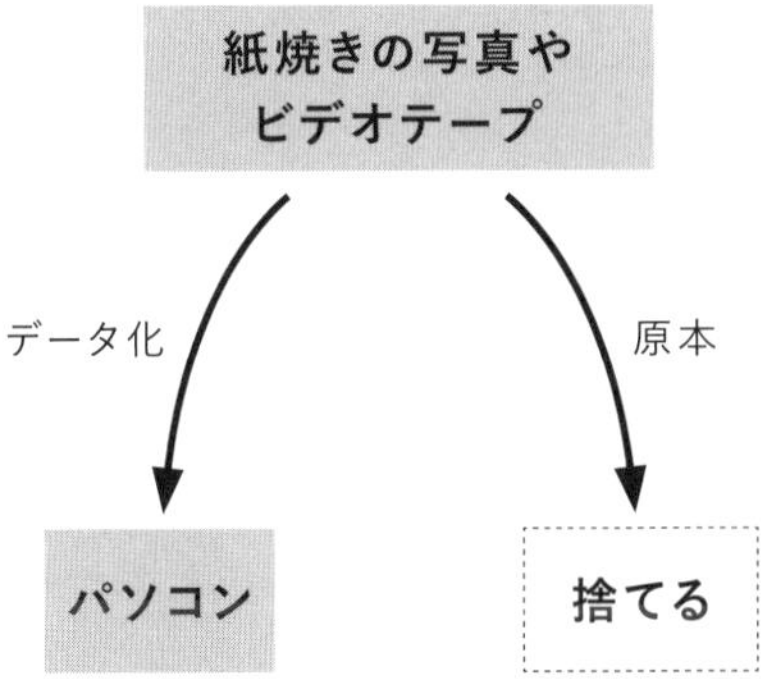

デオテープなどの物理的な媒体は捨ててしまいましょう。

そうすれば余計なものを自宅に置かなくて済みますし、整理も簡単、見返したいときでもすぐに探し出すことができます。

ＰＣのトラブルでデータを失うリスクに備えて、クラウドサービスなどに写真を保存しておくと万全でしょう。最近では写真データであれば無制限に保存できるクラウドサービスもあります。

008 窮屈すぎる細身の服は捨てる

服を整理するという観点とは別に、自律神経を整えるうえであまり好ましくない服というものが存在します。服や靴によって体が締めつけられている状態は、自律神経が乱れる原因になります。窮屈な思いをして細身の服を着ていると、交感神経が過度に高まり、コンディションを崩してしまうのです。

もともと細身で体形に合っている服というわけではなく、無理に細身の服を着ている場合は、すぐに捨ててしまうことをおすすめします。**1年ごとにクローゼットを入れ替えることは、このように体形の変化に合わせて服を変えていくことができるというメリットもあるのです**。

体を締めつけるという意味では、スーツのネクタイなども同様です。できれば

☑体を締めつけないストレスフリーな服を選ぶ

ネクタイをしないほうが、仕事のパフォーマンスは上がります。どうしてもネクタイが必要な職種であれば仕方ありませんが、それでもちょっとした工夫でパフォーマンスを上げることは可能です。

たとえば通勤時はネクタイをせず、ワイシャツのボタンも一番上は外して体を締めつけない、ストレスフリーな状態にします。会社に着いたらネクタイを締めることで、オンオフの切り替えもしやすくなることでしょう。

昼食時や外部の人と会わずに済むときなども、ネクタイをゆるめておくことをおすすめします。

もちろん「細身のスーツを着たほうが気分が上がる」という人もいるでしょう。それはそれで否定はしませんが、コンディションの乱れを感じたときは、いったんストレスフリーの状態をつくって体をリセットしてみましょう。

009
使いづらいバッグや財布を捨てる

自宅や仕事場、クローゼットと同じように、普段持ち歩くバッグの中身も片づけて整理しておきましょう。まず、いったんバッグの中身を全部外に出し、よく使うものや必要なものと、必要のないものや使う機会がほとんどないものの2つに分けます。そして不要なものを処分し、必要なものは小分けにしてすぐに取り出せるようにします。

こうして整理していると、そのバッグが本当に使い勝手がいいのかどうかがわかってきます。必要なものを分類して入れられるかどうか、欲しいものがすぐに見つかるかどうかといったことを考えたとき、いくら整理してもうまくいかない、中身が探しにくいバッグは使うのをやめましょう。**「バッグの中を探す」という**

ちょっとした行為でも、使いにくいバッグを使っていると、目当てのものが見つからずに焦るようなことが多くあります。それを繰り返しているうちにストレスの原因となり、自律神経を乱す結果を招くのです。

財布も同様に、中身を整理しながら、その財布が本当に使い勝手がよいものかどうかを見直してみましょう。必要のないレシートやポイントカードがぎっしりと詰まった財布や、必要なカードがなかなか取り出せない財布もストレスの原因になります。バッグや財布は週に1度でいいので不要なものを一掃する機会をつくるといいでしょう。財布に関しては毎日でもいいぐらいです。

部屋やクローゼットと同様に、バッグや財布などの持ち物が最適化されることで、つまらないストレスから解放されるはずです。そうすることで自律神経のバランスも整い、仕事のパフォーマンスや免疫力の向上にもつながるのです。

☑バッグは定期的に整理し、使いにくければ替える

010 一気に大量に片づけるのは逆にストレスになる

いざ最初に片づけようと思ったときには、ものが多すぎて必要なものとそうでないものの見極めが難しい、ということもあるでしょう。片づけに慣れないうちは「今は使わないけれど、どこかで使うかもしれない」というものがたくさん出てくるものです。

本当はさっぱり片づけたいのになかなか片づかない、という状況はむしろストレスの原因になってしまいます。**そこで、そのような悩ましいものが出てきたときには「一時的に置いておく」ようにすることをおすすめします**。

一度に多くのものを片づけようとすると、その分、かかるストレスも増大します。それを避けるため、悩ましいものが出てきたとき、衣服などであれば、いっ

☑ 迷ったらとにかく「一時据え置き」でOK

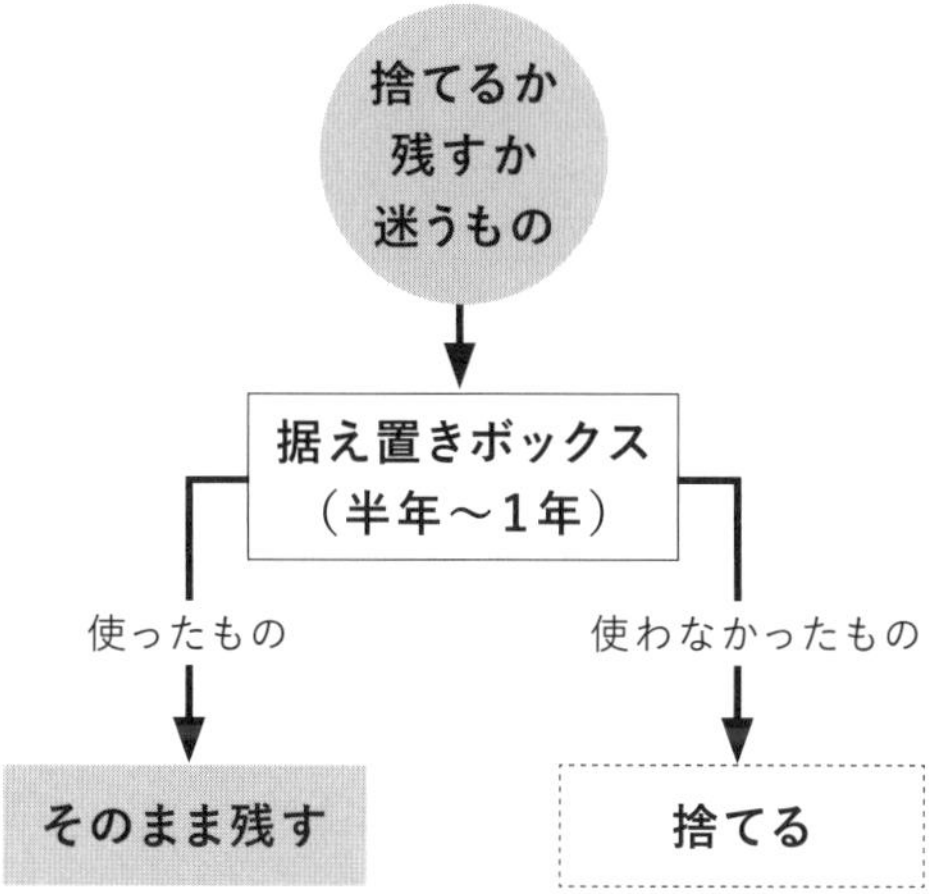

たん段ボール箱などにそれをまとめてしまいましょう。そうして半年から1年ぐらいの期限を区切り、その中身を使うかどうかによって、捨てるかどうかを見極めます。こうすることで「やっぱり不要なものだった」ということが明確になり、思い切って捨てることができるようになるでしょう。これを繰り返していれば、だんだんこの「一時据え置き」の箱に入るものも減っていきます。片づけの経験値がどんどん上がっていくからです。

011 昔の本や参考書は思い切って捨てる

部屋や衣服の整理はできても、書棚にある本だけはなかなか減らすことができないという人も多いのではないでしょうか。書棚が片づかないという人の大半は、そこに並ぶ本や雑誌に、過去の思い出を重ねているようです。

何年も書棚から取り出していないし、読み返す可能性のない本であっても、読んだ当時や、内容への思い入れがあって捨てられない、というわけです。その思い入れとは、ほとんどが「過去の思い出」です。**その思い出は、本当に明日からの人生に必要なものでしょうか？　未来に必要のない思い出は、きっぱりと処分するという覚悟が、書棚の整理においても肝心になります**。

もちろん、ずっと大切にしたい思い出の本というものもあるでしょう。そういう本や雑誌は必要なものですから、捨てる必要はありません。

学生時代の勉強に使った本や、かつて興味を持って何度も読み返した雑誌などは、過去の思い出があっても、最新の情報を知る役には立ちません。今や最新情報は、インターネットでおおかた入手することができます。もちろん新たな本を読むこともあるでしょうが、いずれにしても過去の本は役に立ちません。

書棚を整理することで新たな本を入れることができ、書棚の新陳代謝が促される。そうすることで、頭の中の新陳代謝も進んでいくのです。さわやかな気持ちで、新たなやる気や活力が湧いてくることでしょう。そしてまた「過去の思い出」になってしまった本を捨てる。こうすることで、あなたの書棚に並ぶ書籍や雑誌は、すべて意義のあるもの、現在または未来のために役立つものになっていきます。そうなった書棚は、あなたにとって輝きを放つものになっていることでしょう。

☑ 現在や未来の役に立つ書棚をつくる

012

フォーマル用1本、カジュアル用1本以外の腕時計は捨てる

あなたは腕時計を何本持っているでしょうか。数十本をコレクションしているコレクターもいれば、最近ではスマートフォンで時間がわかるので持っていない、という人もいるでしょう。なかには、それほど高くない時計を折に触れて買っており、コレクターではないけれど10本前後所有している、という人もいるかもしれません。

いずれにしても、何本の腕時計を持っていても一度に使う時計は1本だけです。日常的に使うのもせいぜい1～2本ではないでしょうか。その場合、残りの時計は結局、使われずに引き出しの中で眠ったままになります。一方で、その日によって使い分けているという人は、毎日どの時計を選ぶか、という選択のストレスにさらされているといえます。

☑ 時計や万年筆は気に入った一本を大事に使う

「時計のコレクションが趣味である」という人でもなければ、時計は1〜2本を残して、あとは捨ててしまうことをおすすめします。**1本でも十分ですが、TPO（時・場所・機会）に合わせてスーツ用のフォーマルなものと、カジュアルなプライベート用の2本もあれば十分でしょう**。時計はさすがに1〜2年で交換する必要はないので、自分にとって本当にいいものを選び、それを壊れるまで（あるいは修理しながら一生）大事に使うのがベストといえるかもしれません。

ペンや万年筆も同様です。比較的流行に左右されず、長持ちするこういったアイテムも、気に入ったものを一つだけ購入して大事に使うのにふさわしいでしょう。

こうすることで、身の回りの環境がスッキリとシンプルになり、身も心も軽くなります。どこかに出かけるときも、どの時計を身に着けるかという選択で悩む必要もなくなり、ストレスフリーな毎日が手に入ることでしょう。

013

仕事用のバッグはひとつに絞る

先述のとおりバッグは、使いやすいものを選び、中身を整理しながら使うのがおすすめですが、複数のバッグを併用するのはあまりおすすめしません。ストレスを買い物で発散するタイプの人は、ついブランドもののバッグなどを購入してしまいがちですが、使われないまましまわれたバッグを見たり、ブランドだけで使いにくいバッグを使ったりしていると、ストレスを減らすための買い物が新たなストレスを呼び込むことになってしまうのです。

おすすめはやはり自分にとってリーズナブルといえる価格の、使いやすいバッグをひとつ購入することです。どんなにいいバッグでも、使っているうちにいろいろなところがくたびれてきます。2年ほど使ってちょっとくたびれてきたかな、と思うあたりでスパッと捨てて買い替えるのが気分を一新できておすすめです。

また、バッグをひとつに絞ることにはほかにもメリットがあります。**複数の仕事バッグを使い分けようとすると、手帳や財布など、入れ替えが必要なものを忘れたり、落としたりしてしまう可能性があります**。普段と違うことをするというのがストレスの原因になり、自律神経の乱れにつながり、注意力が低下してしまうのです。

こうしてバッグの数を絞るときに注意すべきは、頻繁にバッグの中身を整理し、資料などの書類を必要以上に持ち歩かないようにすることです。できれば毎日、翌日使う必要があるものだけをバッグに入れるようにして、ほかのものは処分する。それを習慣づければ、バッグの中身はスッキリとシンプルに整理でき、頭の中も整理されるでしょう。

☑ リーズナブルなバッグひとつを使い切る

Check point 1

- 「選択肢を減らす」ことが毎日のストレス軽減につながる。服や小物などのファッションアイテムは数を減らし、定期的に一新する。

- 疲れを癒やし、リラックスできる空間にするために、自宅には仕事の資料を置かない。

- 写真やビデオテープは、データ化してパソコンに保存し、物理メディアは捨てる。

- 使いづらいバッグや財布、窮屈な服はストレスの原因になるので使うのをやめる。

- 一度に多くのものを捨てようとすると、かえってストレスがたまる。迷ったものは「一時据え置き」の箱にしまって半年～1年、様子を見る。

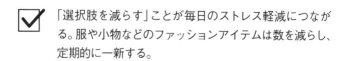

第2章

生活習慣を捨てる

014

朝の「ダラダラ」と「バタバタ」をやめる

出発時間ギリギリまで寝て、大急ぎで支度して出かける――。そんな慌ただしい朝の時間の使い方をしている人も多いでしょう。特に昨今はリモートワークが普及したこともあり、業務開始直前まで寝ているという人もいるかもしれません。朝の時間の使い方は、一日のコンディションを大きく左右することがわかっています。

朝をバタバタと支度する時間にしてしまうと、日中に素晴らしいパフォーマンスを発揮することができなくなってしまうのです。

その理由は、副交感神経が優位な睡眠の状態からシャキッと活動できる交感神経優位な状態へと、体をうまく切り替えられないため。頭がすっきりしていないまま仕事をはじめても、少なくとも午前中のうちは本来の力を発揮するのは難しいでしょう。

そこで私がおすすめするのが、思い切って1時間早く起きることです。**出勤前の時間を、余裕を持って過ごすことによって、心身ともにすっきりした一日を送ることができます**。

たとえば、朝の空気を吸いながら散歩する、家の掃除をするといった体を軽く動かす時間にあてると、すがすがしい気持ちで仕事に臨めるようになります。また家族とゆっくり朝食をとる、読書をするなどといった、のんびり過ごす時間にあてると、落ち着いた一日をスタートさせることができるでしょう。

最初のうちは早起きがつらくてなかなか慣れないかもしれませんが、継続するとその効果を確実に感じられると思います。

☑朝の余裕で一日のコンディションを整える

015

汗をかきながら通勤する習慣をやめる

電車に乗るために自宅から最寄り駅まで走る、通勤ラッシュにもまれるといったハードな朝を過ごしている方もいるでしょう。

出社前に汗をかくことは、実はおすすめできない習慣です。その理由は、汗をかくことによって、知らず知らずのうちにストレスがたまり、自律神経のバランスが崩れてしまうため。ウォーキングやランニングなどの運動でほどよく汗をかくことは体にいい習慣ですが、これから一日を過ごす洋服を汗で汚すのは逆効果となります。

また満員電車に乗ったり、混雑した駅構内を歩いたりと、普通に通勤するだけでも精神的に大きな負担となります。「少し汗ばむくらい……」と考えがちですが、体は想像以上にダメージを受けている可能性があるため注意しましょう。

とはいえ、ラッシュの時間帯を避けて通勤するのはそう簡単なことではありません。そこで私がおすすめするのが、なるべく汗をかかない工夫をすることです。

たとえば**風通しのいいTシャツで自宅を出て、オフィスでスーツに着替えたり、通気性のよさをうたったウェアを選んだりするのがおすすめです**。汗をかいた不快感をなるべく減らせるよう、できることから工夫してみましょう。

さらに、できるだけ身軽に出勤することもストレスをためないための有効な策だといえます。リモートワークが普及したことで、パソコンやタブレットが入った重いバッグを持ち歩く人も多いかと思いますが、これも少なからず心身に負担がかかる習慣です。必要のないものが入れっぱなしになっていないか、自宅や会社に置いておけるものはないか、バッグの中身を定期的に確認しましょう。

☑ 汗をかきにくい服装、身軽な装備を心がける

016

革靴ばかり履くのをやめる

革靴やパンプスを履いて仕事をしている人は、週に何日かはスニーカーで出勤してみてください。いつもと比べて、かなり歩きやすくなるのではないでしょうか。最近では「見た目は革靴に見えるけれど、履き心地はスニーカーと同じ」というビジネスシューズも販売されていますので、スーツスタイルにも取り入れることができます。

動きやすくなったのですから、通勤スタイルも変えてみましょう。歩くテンポを少し速めて、駅や職場で普段はエスカレーターやエレベーターを使っているところを、階段で上り下りするのです。

「オフィスが高層階にあるので、階段で全部上がるのが難しい」ということであれば、数階分だけ階段を使うようにしましょう。たとえば、６階にオフィスがあるとしたら、２階まで階段を使って、あとはエレベーターに乗っていきます。慣れてきたら、その２階を４階、５階と延ばしていき、最終的に階段だけで上がることを目指しましょう。「今日は５階まで階段を使ったけど、息が切れなかった」などと成長を実感できるので、ゲーム感覚でチャレンジできます。

ただしスニーカーを履くのは週何日かにするというのがポイントです。これが毎日では、「また今日も階段を使うのか……」と挫折してしまう可能性がありますが、週何日かぐらいなら「今日は頑張ろう」という気持ちになれるはずです。

週に何日をスニーカーの日にするかは、あなたの体力や仕事のスタイルなどとの兼ね合いで決めましょう。体力的に自信がないのなら、最初は週１日でもＯＫです。スニーカーを履いて、心身ともに軽やかで健康的な一日をつくりましょう。

☑ スニーカーを履いて通勤時の運動量を増やす

017

スムーズな乗り換えをやめる

電車など公共交通機関での移動で疲労を感じてしまう人は多いことでしょう。自分の足で歩いているわけでもないのに疲れてしまうのは、私たちの想像以上に、移動はストレスがかかるものだからです。

満員電車もストレスの原因になりますし、電車の乗り換えにストレスを感じることもあるでしょう。

スムーズに乗り換えられればいいのですが、次のホームまでの道がわからず、予想以上に時間がかかってしまって、うまく乗り換えられない自分や不親切な駅の表示に腹が立ってしまったという経験をした人もいるはずです。

効率を求めようとすればするほど、それが思ったようにいかなかったとき、人はストレスを感じてしまうのです。

スムーズに乗り換えられないことがストレスの原因になるのなら、いっそのことスムーズな乗り換えではなく、「あえて歩く乗り換え」を選んでみるといいでしょう。乗り換えに不便な乗車口を選んで乗り降りするのです。

「自分はスムーズな乗り換えを目指していない」という選択をあらかじめしていたのなら、乗り換えでいくら時間がかかってもイライラすることはないでしょう。

何かの拍子にスムーズな乗り換えができたときには、逆にラッキーだと感じられるかもしれません。

さらに、スムーズでない乗り換えには、歩く距離が長くなって健康にいいというメリットもあります。ポジティブな気持ちで、適度なウォーキングができるのですから、心身にとって悪いはずがありません。

あえて歩く乗り換えで、心身ともに健康に

018 エレベーターに乗るのをやめる

健康的な生活には適度な運動習慣が欠かせません。とはいっても、スポーツウェアを着て行うような激しい運動は、交感神経が過剰に優位になるため、いきなり生活に組み込むのは避けたほうが無難です。

そこで私がおすすめするのが、エレベーターやエスカレーターに乗るのをやめること。通勤で駅を使うとき、オフィスでフロアを移動するときには、積極的に階段を使う習慣をつけましょう。

階段を上り下りする最大のメリットは、交感神経を整えると同時に副交感神経も同時に刺激できることにあります。階段を移動するときには全身の筋肉を使うため、血流がよくなります。それに加えて、上り下りするときのリズミカルな動きには、副交感神経を適度に高める効果が期待できるのです。

ただし、無理してすべての移動を階段にするべきだと言いたいわけではありません。階段での過度な運動はひざにも大きな負担がかかりますし、その運動によって仕事に悪影響が出てしまうようでは本末転倒です。また、厳しいルールを自分に課すあまりに運動がおっくうになり、長続きしなくなる状況もつくらないようにしましょう。

成功のコツは、たとえば「オフィスの2フロア分は必ず階段を使う」「最寄り駅ではエスカレーターとエレベーターは使わない」「毎日16時になったら階段を使って移動する」というように、オリジナルのルーティンをつくることです。気分や体のコンディション、仕事の忙しさなどにかかわらず、自分で決めた場所やタイミングでは意識せずとも階段を利用できる状態をゴールに設定しましょう。

✓ 毎日少しでも階段を使うルーティンをつくる

019

午前の時間を雑務にあてるのをやめる

「朝出社したらまずはメールチェックをして、一日の予定を立てる」「出社したら業務チェックのためのミーティングをする」というルーティンの人も多いでしょう。実は、これはとてももったいない習慣だといえます。

なぜなら午前中は、脳が最もさえている時間帯だからです。人間の脳は、朝、目が覚めると、副交感神経が優位な状態から交感神経が優位な状態へと徐々に切り替わっていきます。このスイッチの過程である午前中は、両者の神経がともに高いレベルにあり、一日の中でも理想的な状態だといえるのです。

高い集中力を必要とするクリエイティブな業務や重要度の高い案件こそ、ランチタイムの前に取りかかるようにしましょう。機械的に行えるメールチェックのような雑務は、昼食後の集中力が落ちやすい時間帯に回すのがベストです。

また、当日の朝に一日のスケジュールを立てることもやめたい習慣の一つ。前日の夜のうちに、抱えている案件の業務内容や重要度、締め切りなどをしっかり整理したうえで次の日のスケジュールを作成しておくことが大切です。翌日の貴重な時間帯に無駄な業務が発生しないように準備しておきましょう。

さらに、一日の仕事の流れをきっちり決めておくことも仕事をスムーズに進めるためにおすすめの方法です。たとえば「午前中」「13～16時」「16～18時」というように時間帯でブロック分けして、それぞれ「企画書作成」「雑務／ミーティング」「資料作成」といった業務を、自律神経の働きに合わせた形で振り分けます。すると、毎日次は何をするべきかを考える時間が減りますし、より効率のいい形で仕事を進めていくことが可能になります。

午前中は最も頭がさえるゴールデンタイム

020

猫背をやめる

ある調査では、デスクワークのビジネスパーソンの9割は無意識のうちに猫背になっているといわれています。

特に要注意のシチュエーションは、スマートフォンを見るときや、デスクワークで集中力が高まっているとき。普段は姿勢を意識している人でも、長時間同じ体勢であり続けることによって、徐々に背中が丸まっていってしまうのです。**正しい姿勢がとれていないと、知らず知らずのうちに筋肉や内臓に大きなダメージを与えることになります**。

そして、猫背が体におよぼす影響で最も懸念すべきなのが、呼吸が浅くなることです。体が内側に丸まることで肺を圧迫し、本来の呼吸を妨げてしまうのです。

すると、脳や体に酸素が十分に行き渡らなくなり、パフォーマンスが大幅に低下。そこに仕事のストレスやプレッシャーによる精神的な不安が加わると、さらに呼吸が浅くなるという悪循環が生まれてしまいます。

この流れを断ち切るためには、追い詰められたとき、集中力が高まっているときこそ深呼吸を意識することが重要です。ゆっくり呼吸することによって、全身の血流をよくして筋肉の緊張をほぐし、心身ともにリラックスした状態に導くことができます。

そこで私がおすすめする呼吸法が「1対2の呼吸法」。これは息を吸い込む時間と吐き出す時間が1対2になるように意識して呼吸し、それを7セットほど繰り返すというものです。吸い込む時間は3秒ほどが目安ですが、自分の心地よいスピードで、難しいことは考えずに気楽に取り入れてみてください。

猫背は呼吸を浅くしてしまうため改善しよう

021
下を向くのをやめる

「上を向いて歩こう」という曲がありますが、人は意気消沈したり、心配ごとがあったりするときに、顔を下に向けてしまうものです。

メンタルの状況がそのまま物理的に体にも現れているわけですが、裏を返せば、体に物理的にアプローチすることでメンタルによい影響を与えることも可能なのだといえます。

仮に、ネガティブな精神状態と顔を下に向ける姿勢が結びついているのだとしたら、反対に、ポジティブな気持ちをつくるためには顔を上に向けてしまえばいいのです。

「上を向くだけで、ポジティブな気持ちになれるのか？」と疑問に思うかもしれ

ませんが、上を向くことで気道がまっすぐになって体内に酸素を取り込みやすくなります。このことにより、自律神経が整いやすくなるのです。

多くの人は、深呼吸することで心身が落ち着いた経験があることでしょう。深呼吸によって副交感神経の活動が高まって、副交感神経が優位になり、心身がリラックスした状態になるのです。

嫌な気持ちになったら上を向いて、ゆっくりと深呼吸をしましょう。心が落ち着き、自然と前向きな気持ちが湧いてくるはずです。

冒頭で触れた「上を向いて歩こう」は、泣いてしまうような心持ちの夜には、涙がこぼれないように上を向いて歩こうという内容の歌です。

あの曲が大ヒットしたのは、上を向くことで本当に前向きな精神状態になれるという効果があったからなのかもしれません。

☑ 物理的に上を向けば気持ちも上向きになる

022

昼食後の時間は思い切って捨てる

昼食後はどうしても眠くなってしまい、仕事がはかどらないという悩みを抱えている人は多いのではないでしょうか。

結論からいうと、これは人間の体の構造上、仕方のないことです。食事を消化するためにエネルギーを使うので、脳の働きはどうしても鈍くなってしまうのです。

私は、食後2時間のうちはこの状態をどうにかしようとするよりも、割り切って集中力をあまり必要としない仕事を進めるほうが得策だと考えています。**メールのチェックをしたり、資料をまとめたりといった、いわゆる雑務をこなすほうがストレスもたまりません。**

ここで無理して「眠いけれど、なんとかしなくては」と頑張りすぎると、そのストレスが自律神経の乱れを引き起こし、その後の仕事のパフォーマンスにまで影響がおよぶ可能性があります。この時間帯の生産性の低下に関しては、あまり気にしないようにしましょう。

また、この時間に自分のデスクからいったん離れてみるのもひとつの手。たとえば取引先を訪問する、ミーティングを設定する、社外の人との打ち合わせに出かけるなどです。人間は人と話していると交感神経が優位になり、集中力が高まっていくことがわかっています。そんな脳の構造を上手に利用すれば、生産性が低下する時間帯も有効に活用することができるのです。

眠くなる昼食後2時間に大事な仕事は入れない

午前中のゴールデンタイムとは一転して、ノンファンクション（非機能）タイムとなる昼食後の2時間。精神論で乗り切るのをやめ、脳のしくみに沿ったスケジュールで仕事を進めることを心がけましょう。

023

「ため息で幸せが逃げる」という迷信を捨てる

「ため息はネガティブなものだ」と考えている人はとても多く見られます。「幸せが逃げてしまう」という迷信もありますし、周りのモチベーションを下げてしまうから、と気をつけている人もいるでしょう。

しかし医学的な観点でいうと、ため息はむしろ心身によい効果をもたらすことがわかっています。深い呼吸をゆっくり行うことによって、体内のすみずみまで、血液が行き渡っていくのです。

そもそもため息をつきたくなるのは、体内に酸素が足りていない状態のときです。仕事に集中していたり、ストレスがたまったりしているときには自然と呼吸が浅くなってしまいます。そのような、体にとって望ましくない状態を改善しようとして、自然と深呼吸がしたくなるのです。

また、ため息には副交感神経の働きを活性化させる役割があります。筋肉がこわばり、全身に力が入っている状態をほぐし、体をリラックスした状態に導くことができます。つまり、ため息をつくことは体をリフレッシュするためにとても効果的な習慣なのです。

とはいえ、職場や自宅のリビングで堂々とため息をつくことに抵抗のある人もいるでしょう。そのような場合には、先述した「1対2の呼吸法」を試してみるのがおすすめです。これはアスリートや企業のトップの方など、常に大きなプレッシャーと向き合っている人の多くが取り入れている呼吸法です。ため息を我慢するのは、血液の循環を妨げて筋肉をこわばらせ、肩こりや目の疲れなどを引き起こす原因になるため、できるだけ避けるようにしましょう。

☑ ため息は体をリラックス状態に導く

024

一日3つ以上の予定を入れるのをやめる

忙しい日々に追われているとつい予定を詰め込んでしまい、少し無理をしたスケジュールで動いてしまうことが多くなります。

仕事であれば、案件の締め切り日や自由に使える時間の量、タスクを終わらせるために必要な時間の計算など「仕事ファースト」の視点になり、「自分の心身にかかる負荷」には目がいかなくなりがちです。

私はそのような状態では、本来のパフォーマンスが発揮できないと考えています。「コンディションよく仕事を進めていくためには、どのような時間の使い方をすればいいいか」という視点もぜひ取り入れてみてほしいのです。

これは私の場合ですが、いろいろと試した結果、一日に3つ以上の予定を組み込んでしまうと心に余裕がなくなり、ベストなパフォーマンスができなくなるということに気づきました。

リラックスするための休憩がとれずにストレスがたまったり、翌日の準備が不十分になったりします。

このような状態が続くと、落ち着いて目の前の仕事に集中できる環境が失われていきます。毎日積み重なる少しの「無理」が肥大化し、負のスパイラルに陥ってしまうのです。

自分の体を気にかけながら仕事をすることで、長期的なパフォーマンスの向上が期待できます。

一日にどれくらいの予定を無理なくこなせるかは個人差があるかと思いますが、まずは3つを目安にタスク管理を実践してみてください。

☑ 心身ともに無理なく働けるスケジュール管理を

025 なんでもスマホのメモに記録するのをやめる

メモやスケジュール管理をスマホで完結させる人も多くなりました。かさばることなく、思いついたことを気軽に書きとめられるのは大きなメリットです。医療の現場でも、カルテを手書きからコンピュータに切り替えている病院が増え、電子化の動きが進んできています。

デジタルデバイスのメモ機能はとても便利で、私も日常生活でタブレットを活用していますが、大事なことは手書きで紙に残すようにしています。手帳と小型のメモはいつも持ち歩いていますし、自宅や研究室のデスクには切り取り型のメモを常備しています。

手で書くことの最大のメリットは、ズバリ記憶に残りやすくなること。また、

手を動かし、あとから自分の筆跡を見返すという刺激によって、脳が活性化されて自律神経が整う効果も期待できます。

人間は言葉で考える生き物ですから、言葉をメモして自分の思考やタスクを可視化することによって、頭の中を整理整頓することができます。文字に起こしながら思考する習慣をつけておくと、想定外のトラブルが起こっても落ち着いて行動することができるでしょう。

私が実践しているメモの取り方は「セブンラインズ」という方法です。これはもともと、医師がカルテを書くときに使っていた記述方法で、出来事の課題や背景を重要度が高い順に７つ、箇条書きするというもの。問題の全体像からリスクまでを幅広く検討することができるので、仕事や日常生活のさまざまな場面で実践すると、万が一の事態が起こっても、大抵の場合は落ち着いて行動することができます。

☑記憶の定着と自律神経のためには手書きのメモ

026
名刺を「名刺ホルダー」にしまうのをやめる

ビジネスシーンで欠かせない名刺交換。どんどんたまっていく名刺の保管方法に頭を悩ませている人もいるでしょう。名刺ホルダーにしまったり、最近では電子化してクラウドで一括管理したりする企業も見受けられます。

とはいえ、保管方法を工夫しても本当に必要なときに、ぱっと見返せる状態にないというケースも多くあります。ことあるごとに名刺を探すようなことがあれば、ストレスがたまる原因にもなるでしょう。名刺を探す時間が無駄になるだけでなく、ストレスで仕事全体のパフォーマンスが低下するおそれもあります。

そこで私が実践している名刺の管理方法を紹介します。それは紙のノートを用意して、プロジェクトごとに名刺を貼りつけていくというもの。たとえばページ

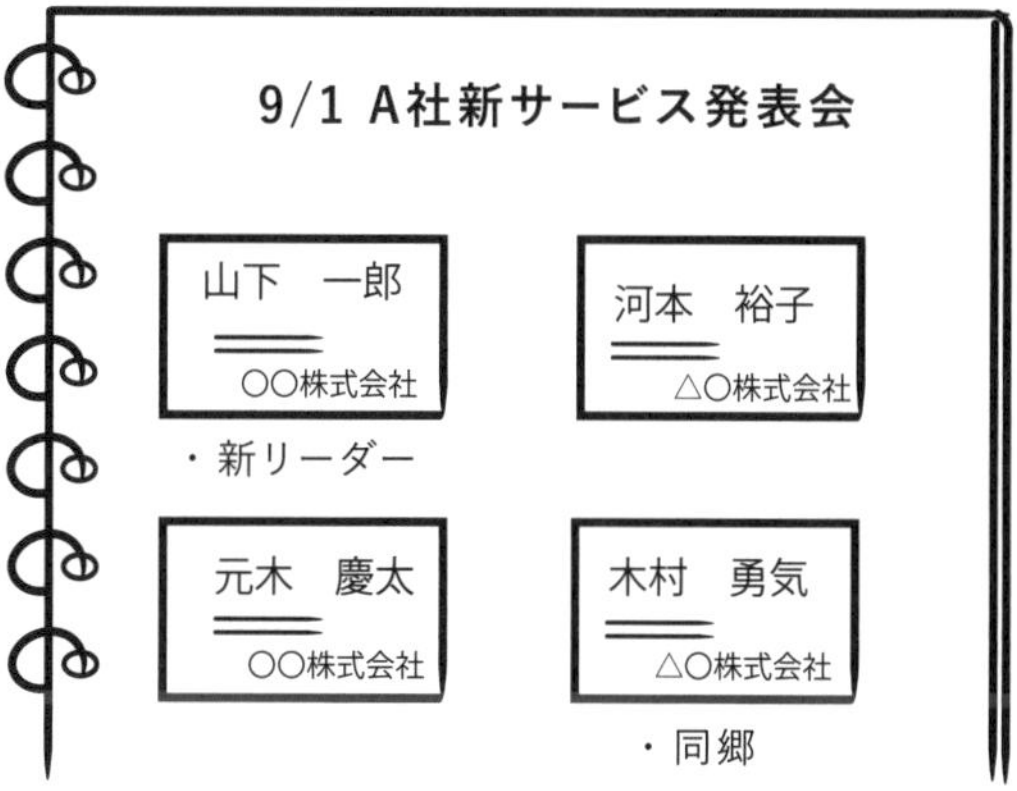

上部に「〇月〇日　学会」「〇〇プロジェクトメンバー」などと書き、そこで交換した名刺を貼っていきます。印象的なやりとりや話題があったなら、名刺の近くにメモを残しておいてもいいでしょう。

一見するとシンプルですが、これがいちばん効果的な方法だと考えています。集まりの前にノートを見返せば前回の記憶がよみがえってきますし、直前の業務から次の業務へとスムーズに頭を切り替えるためのツールにもなるのです。

☑ 名刺はプロジェクトごとにノートに記録

027
仕事を「全部時間で区切る」のをやめる

優秀なビジネスパーソンは、自身のスケジュール管理も得意だという特徴があります。時間を効率的に使えるので、スムーズに仕事を仕上げられるのです。スケジュール管理といえば、時間帯ごとに細かく仕事を振り分けるイメージがありますが、すべての仕事を時間で区切るのはやめるべきでしょう。

時間で区切るスケジュール管理方法とは、「○時からの30分でメールチェック」「○時から○時までは営業とのミーティング」といった感じのものです。時間帯によってやるべき仕事をコントロールするのが、この管理方法の特徴です。

時間で区切るスケジュール管理方法では時間帯によってやるべき仕事が明確になりますが、このやり方が向かない仕事も存在するので注意が必要です。たとえば、企画書をつくる仕事などは、時間で区切るスケジュール管理は向かないといえます。書きはじめてしばらくたってからエンジンがかかり、新しいアイデアが湧いてくるという状態なのに、「1時間たったので、この仕事はここまで」と作業をやめることができるでしょうか。「○時までに書き上げなければ」と時間を意識しすぎるあまり、クオリティの追求がおろそかになる危険性もあります。

時間で区切る管理方法が向かない仕事は、「ここまでできたらいったん休憩」というように内容で区切るべきでしょう。

自分がやる仕事を、「時間で区切る方法が向いているもの」と「内容で区切る方法が向いているもの」に区別してスケジュール管理をすると、仕事がこれまで以上に効率的になり、成果物のクオリティもアップするはずです。よりよいアウトプットのために、まずはスケジュール管理法を見直してみましょう。

時間ではなく「内容」で区切るべき仕事がある

028

18時以降に大事な仕事を入れるのをやめる

先述のとおり、一日で最も頭がさえるゴールデンタイムは午前中です。また、午前中の次にクリエイティブな作業に向いている時間帯は「15〜18時」の3時間だといわれています。昼食後の2時間ほどは一日の中で最も生産性が低下する、いわゆる「ノンファンクションタイム」ですが、そこを過ぎると再び自律神経のバランスが整って頭がさえてくるのです。午前中で終わらなかったクリエイティブな作業や重要な案件は、この時間帯に回すことをおすすめします。

しかし、ここで注意するべきポイントがあります。それは、18時以降は生産性が再び低下するということです。**人間の体は、18時を越えると副交感神経が優位な状態へと変化していきます。快適に睡眠をとれる態勢に体がシフトしはじめる**

のです。これは夕食をとったかどうかにかかわらず、どんなときでも生じます。

そのため、18時以降に大事な仕事をするのはできる限り避けましょう。「終電までまだ時間はある」と考えてダラダラ仕事をしていても、日中の遅れを取り返すことはできません。「必ず定時までに仕事を終わらせて帰宅する」と、短時間で集中力を注いだほうが、圧倒的にいいパフォーマンスが期待できるでしょう。

また、夜間の残業は翌日にも少なからぬ悪影響をおよぼします。体がリラックスモードに突入しているにもかかわらず無理に仕事をすることによって、自律神経のバランスが崩れるためです。残業が常態化すると悪循環からなかなか抜け出せなくなるので注意しましょう。

18時以降の残業は百害あって一利なしです。自律神経のサイクルを頭に入れておき、夕方までに大事な仕事は終わらせる意識で臨みましょう。

☑ その日の仕事は18時までに終わらせる

029 どんなに忙しくても遅くまで仕事をしない

大事な仕事は夕方までに終わらせるべきだと先述しました。18時以降は体が睡眠の準備をはじめて副交感神経が優位になり、生産性が徐々に下がっていくためです。とはいえ、業種や時期によっては仕事がたまり、残業せざるをえない状況があるのも現実でしょう。

そのようなときに気をつけていただきたいのが、徹夜もしくは終電ギリギリまでなど、夜遅くの作業をやめること。期日が迫っている案件を抱えているときこそ、ほどほどのところで作業を中断し、翌日に回すようにしましょう。焦っているときに帰宅する決断をするのは勇気がいることかもしれません。しかし、そのほうが翌日以降の作業効率が各段によくなり、結果的にいいパフォーマンスが発揮できるようになるのです。

人間の脳は構造上、焦れば焦るほど副交感神経の働きが低下していきます。すると血液がうまくめぐらなくなり、優れたパフォーマンスを発揮できる状態とは程遠いコンディションになってしまうのです。このような状態で無理に仕事をしようとすると、心身に大きなダメージを与えてしまいます。「また明日頑張ろう」と気持ちを切り替え、自宅でゆっくりするほうがずっと効率のいい働き方なのです。

仕事で乱れた自律神経のバランスを整えるには、十分な睡眠が欠かせません。できれば毎日6時間以上、規則正しい睡眠を確保しましょう。毎日がどうしても難しいようであれば、休日に加えて平日の一日だけでも規則正しい生活を意識するだけで、体の調子は整ってきます。定時でまっすぐ自宅に帰り、食事や入浴を早めに済ませ、デジタルデバイスから離れて体を休める日を確保しましょう。

☑ たまった仕事はほどほどのところで翌日に回す

030
「疲れたから座る」という発想を捨てる

近年の日本では、運動不足の人が急増しています。特にデスクワークの人は、通勤時間以外にほとんど運動をしていないという人も多いのではないでしょうか。

人間の体の構造は、立って動くようにできています。動くことで体に血液が行き渡り、健康的な生活が送れるしくみになっているわけですから、一日じゅう座ったままでいたら、体に不調が現れるのは当然のことだといえます。

長時間動かないでいると、血液の循環が滞ったり、血液中の中性脂肪を分解する働きが抑制されたりすることによって、糖尿病や肥満のリスクが上昇します。また、がんや心血管病にかかりやすくなるなど、重大な病気を引き起こす原因にもなることがわかっています。

また「座りたい」という気持ちが精神的にダメージを与える場合もあります。たとえば通勤中の電車で、「席が空いたら座りたい」と考えているとしましょう。すると、運よく座れたときは満足感を得られますが、席が空かないときや誰かに横取りされたときなどにはかなりのストレスになります。急激に交感神経が優位になり、緊張状態に陥ってしまうのです。

そこで私がおすすめする習慣は、「疲れたから座る」という発想をやめること。立っているときのほうが座っているときよりも姿勢がよく、呼吸も深くなるため健康的です。同時に血液のめぐりも改善されることから、むくみも予防できます。多少仕事で疲れていたとしても、できるだけ立っているほうが心身ともにメリットがあるといえるのです。立つことのメリットを考え、できるだけ座らない習慣を身につけることが、健康への第一歩になるでしょう。

☑ 立っているほうが心身ともに健康になれる

031
自律神経をかき乱すSNSをやめる

今や誰もが利用するツールとなったSNS。友人といつでも気軽に連絡をとり合えたり、自分の身の回りの出来事を発信して共有したりできることから、日常生活に欠かせないツールになりつつあります。

しかし医学的な観点から見ると、SNSは精神に与えるダメージが非常に大きい危険なツールであるともいえます。友人の「すてきな時間を過ごした」「おいしいものを食べた」など、生活の中のキラキラした瞬間を見て、うらやましさや焦りを感じたことはないでしょうか。または知り合いが発信している愚痴や不満などを目にして、嫌な気持ちになったことがあるかもしれません。実はこの瞬間に、自律神経のバランスは大きく乱れてしまっているのです。

SNSはリアルタイムで気軽にコミュニケーションがとれる一方で、他人の影響を真正面から受けてしまうというデメリットもあります。SNSを見て、嫌な気持ちが芽生えたり、疲れを感じたりしたときには、一度使い方を見直してみてください。

そこで私がおすすめするのが、SNSでの発信は「自分のために」すると決めることです。「他人によく思われたい」という気持ちで投稿すると、どうしてもまわりからの評価が気になってしまいますので、「自分が楽しむ」ことを目標に、一日1投稿、なんでもいいので好きな画像や文章を発信する習慣をつけてみましょう。投稿できなかった日には心や時間に余裕がなかったということがわかりますし、投稿のために毎日周りのものに目を向けるようになると、思わぬ発見につながることもあるでしょう。

☑ SNSは「自分のために」使うツール

032

「しかめっ面」をやめる

忙しかったり難しい問題に直面したりする毎日の中で、つい眉間にシワを寄せてしまっていませんか。日々の生活に余裕がなくなってくると、だんだん顎に力が入り、表情がこわばってしまうこともあるでしょう。

表情がこわばると顔の筋肉に力が入り、交感神経の働きが高まります。血流が悪くなって呼吸も浅くなるなど、強い緊張による悪循環が起こってしまいます。特に顔の筋肉が緊張すると脳に血液が十分に行き渡らなくなるため、脳の働きまで落ちてしまうこともあるのです。

ストレスフルな時代において、顔をしかめることが多いのは仕方のないことかもしれません。

しかし、どんな表情をするかによって、私たちの感情は大きく変わってくるものです。**イライラのきっかけは仕事に関わる出来事かもしれませんが、「しかめっ面」をすることで、それがより大きくなってしまうのです**。

また、自分の表情は周りにも影響を与えます。眉間にシワを寄せてイライラした空気をまとっていると、周りにもマイナスの雰囲気が伝わってしまうでしょう。

顔がこわばりがちな人は、口角を上げることを意識してみましょう。口角が上がると、自然に笑った顔になります。表情を笑顔の形にするだけで、少しずつ気持ちも落ち着いてきて、頭がさえ、冷静に物事に対応することができるようになります。

ピリピリした空気の中に落ち着いた穏やかな表情の人がいるだけで、周りの人の空気もやわらかいものになり、いい循環がはじまることでしょう。

☑ 口角を上げて笑顔の好循環をつくる

033

ジョギングをやめてウォーキングに替える

健康のためには、適度な運動が必須です。手軽にはじめられる運動習慣として、ジョギングを取り入れている方も多いことでしょう。

「筋力をアップさせる」「運動能力を高める」といったトレーニング効果を期待するなら、ジョギングは比較的取り組みやすい方法です。しかし、健康効果を望むのであれば、私はジョギングよりもウォーキングをおすすめします。

ジョギングとウォーキングのいちばんの違いは呼吸の仕方。速く走るほど呼吸は浅くなります。ウォーキングよりもジョギング、ジョギングよりもランニングというように、スピードが上がるにつれて呼吸の深度は浅くなっていくのです。

呼吸が浅くなると、副交感神経のレベルが下がってしまいます。年齢によっては、もともと低かった副交感神経のレベルがより下がることで、体の老化により近づく可能性があるのです。

健康効果を望むなら、深い呼吸をともなう運動がおすすめです。横隔膜をしっかり上下させ、深い呼吸をしながらのウォーキングなら、十分な効果が見込めるでしょう。

深く呼吸をすることによって、副交感神経の低下が抑えられるだけでなく、体の末梢まで酸素と栄養をしっかり供給させながら運動することができます。

また、リズムよくウォーキングを行うことで、自律神経を整える効果も期待できます。体の細かい動きを全身で感じ取りながらゆっくりウォーキングをすると、心も体も整えることができるのです。普段は通らない道で景色を楽しみながらウォーキングをすると、いい気分転換になり、健康の維持にも役立つでしょう。

☑ 健康維持には深い呼吸を意識したウォーキング

034

夜にスマホを触るのをやめる

現代社会において、スマホは生活になくてはならないものです。肌身離さず持ち歩き、常に画面を見ている状態が当たり前になっている方も多いでしょう。買い物の支払いや映画のチケット、スケジュール管理などもスマホ一台で済む時代。「スマホを使わない生活」はほぼ不可能といえるでしょう。

しかし、スマホを一日じゅう眺めているのが健康によくないことは明白です。スマホの画面を見ていると、ブルーライトの強い刺激により目が疲れてきます。また、目から入ってくる情報に対して脳が敏感に反応するため、交感神経が高まります。そうした刺激を受け続けることは、夜のリラックスモードへの移行がスムーズに行われない原因となり、夜の睡眠の質が落ちてしまうのです。

そこでおすすめするのが「スマホを見ない時間を決める」こと。私の場合は、帰宅したらスマホは一切見ないと決めています。緊急時に連絡がつくように、電話の音は鳴るように設定しますが、それ以外の用件は明日に持ち越すことにしています。**本当に差し迫った連絡であれば、電話がかかってくるでしょう。SNSやネットニュースの情報は「今すぐ必要」でないことのほうが多いのです。**

生活や仕事で必要なスマホですが、使い方が原因で体調を崩しているのであれば本末転倒です。自宅でスマホを見ないのが難しい方は「20時以降は見ない」といったように、時間で区切る方法もいいでしょう。置き場所や充電する場所を固定しておくと、「ついスマホを触ってしまう」ということが避けられるのでおすすめです。スマホから離れる時間を意識的につくることで、生活のリズムが整い、質のよい睡眠をとることができるようになるでしょう。

☑ スマホから離れる時間を決めておく

035

寝る直前の食事や入浴をやめる

健康の維持に睡眠が大きく関わっていることは、ご存じの方も多いでしょう。毎日がどれだけ忙しかったとしても、いちばん削りやすいからといって睡眠時間を削るのは、これから先の健康を考えるとおすすめできません。

睡眠不足になると、仕事で些細なミスが重なったり体調を崩したりしてしまいます。それには、自律神経の乱れが大きく関係しています。夜は交感神経が下がり、副交感神経が高まる時間帯です。この状態になると体が休息モードになり、睡眠の準備をするのです。

しかし、睡眠がしっかりとれていないと、この自律神経のサイクルが乱れます。副交感神経の働きが低いまま朝を迎えてしまうと、血流が悪くなり、体じゅうに酸素や栄養が十分に行き渡らなくなってしまいます。睡眠不足が次の日の生活に大きく影響することは、誰もが一度は経験したことがあるでしょう。

睡眠の質を高めるために私がおすすめするのは、次の3つです。

①夕食は寝る3時間前までに済ませる

②寝る前の2時間はスマホやパソコン、テレビの視聴をやめる

③入浴は寝る2時間前までに済ませる

この3つを意識すると、自律神経のサイクルが整い、睡眠の質を上げることができます。

一日の行動の質は、睡眠の質にかかっています。自律神経のサイクルを守るために夜の過ごし方を意識し、体をリラックスモードに切り替える生活習慣をはじめてみましょう。

☑寝る直前は交感神経を刺激しない

036

熱すぎるシャワー・風呂をやめる

疲れているときに、熱いシャワーを浴びてさっぱりしたいと思う人は多いでしょう。しかし、熱すぎるシャワーを浴びたり熱い湯船に浸かったりするのは、健康を意識するなら控えるべきです。

42～43度の熱いお湯に入ると、交感神経が急激に刺激されて自律神経の乱れが起きてしまいます。疲れているときは、できるだけこうした刺激を避け、心身ともに穏やかに過ごすことが重要になります。

心身の健康につながる入浴のポイントは、お湯の温度と時間です。39～40度のぬるめのお湯に15分浸かると、自律神経のバランスと腸の働きが整うのです。

また、湯船の入り方も重要。はじめは手足などの心臓から遠い部分に掛け湯を

☑じっくり体を温めて自律神経を整える

しましょう。それからゆっくりと湯船に入って、最初の5分は肩まで浸かり、残りの10分はみぞおちくらいまでの半身浴にします。

時間をかけてじっくりと体を温めると、入浴後には体温がゆるやかに下がるので、睡眠への移行もスムーズになります。

血流もよくなるため、むくみ解消やダイエットにも効果があるといえるでしょう。

037

休みの日を「なんとなく過ごす」習慣を捨てる

平日の疲れをとるために、休みの日にいつまでもベッドで過ごしていませんか。そのそのそと起きてから、「さあ、今日は何をしようかな」と考えはじめた時点でお昼になっている。そのまま、なんとなくゆっくりしているうちに夜になり「ああ、今日も何もできなかった……」。そういう人が多いのではないでしょうか。「何時から何時まではどんなことをする」という区切りができていないと、どこまでも際限なく、だらけてしまいます。メリハリのない生活は、自律神経の乱れにつながります。

休みの日、当日になってから「何をしようか」と考えるのでは遅いといえるでしょう。私の場合は、休みの日にやりたいことを前もって整理するようにしてい

ます。「体を動かすこと」と「片づけ」の２つは必ずすると決め、それらをスムーズに実行できるように、１週間かけて休みの日の時間を区切ります。

たとえば、休みの日にゴルフに行くことが前もって決まっていれば「体を動かすこと」は達成できます。しかし、ゴルフに行くと半日以上かかってしまいますから、残りの時間のどこかで「片づけ」を30分間設定します。ゴルフなどの時間がかかる予定が入っていない日は時間に余裕があるので、「片づけ」の時間を多く取り、アクティブな片づけによって「体を動かすこと」も同時に達成できるようにします。

時間を区切ってやることを事前に決めておくと、休みの日が充実します。「やろうと思っていたのにできなかった」「休みの日をダラダラ過ごして終わってしまった」という後味の悪さを感じることがなくなるでしょう。

☑やることを整理して充実した休日をつくる

038

休日に寝だめするのをやめる

平日の仕事が忙しく、生活が不規則な人ほどやりがちなのが「寝だめ」です。どんなに寝不足でも「休日に寝だめをすれば大丈夫」と考える方もいるでしょう。しかし、寝だめは自律神経を乱れさせる原因になるのでおすすめはできません。

睡眠で大事なのは「最適な睡眠時間」と「一定のリズムを保つこと」です。起床の時刻は、なるべく毎日一定にすることを意識しましょう。特に乱れてしまいがちな休日の起床時刻も、平日と同じぐらいにするのがベストです。どうしてもずらしたいのであれば、1時間のズレまでにしましょう。毎日同じぐらいの時刻に起きるほうが、体にかかる負担は少なくて済みます。

寝不足を解消したいのであれば、週に1度の「しっかり睡眠デー」を決めるの

もおすすめ。これは寝だめとはまた別物です。

「しっかり睡眠デー」を週の半ばに設定し、いつもより早めに仕事を終えて帰宅したら、その日はテレビもスマホも見ないようにします。20時くらいに夕食を終え、ゆっくり入浴できる時間をつくりましょう。睡眠の質を上げる湯船の温度は、先述のとおり39〜40度です。15分ゆっくり浸かったら、早めに寝室へ向かいます。翌朝はいつもと同じ時刻に起床しましょう。

「しっかり睡眠デー」の翌朝は、さわやかに目覚めることができます。週の後半を乗り越えるエネルギーが補充できているので、勢いを落とすことなく仕事に取り組めるでしょう。

また、30分程度の昼寝も効果的。13時〜14時くらいの眠くなりやすい時間帯に取り入れることで、自律神経を乱すことなく頭をスッキリさせることができます。

☑ 寝不足であっても一定のリズムを意識する

039

長期休みを最後の最後まで堪能するのをやめる

「休みボケ」という言葉がありますが、年末年始やゴールデンウィークなどの長期間の休みを経ると、休み明けはどうしても仕事のエンジンがかかりにくくなるものです。こうした休みボケを避け、すぐに仕事モードに入るようにするためには、休み方にコツがあるのです。

ポイントは休みの最終日の過ごし方。「せっかく取れた休みだから、最後の最後の時間まで満喫したい」と思うのも当然のことですが、そこは我慢して、最終日は「準備の日」にするのです。

最終日にほんの少しでも仕事の要素を入れると、休み明けの瞬間から仕事モードに切り替えやすくなります。

仕事で使う資料の用意や、スーツや靴のお手入れでもいいでしょう。会社に出勤する代わりに、近くのカフェに出かけて、１時間程度でいいので軽く仕事をするのも有効です。このときは、メールチェックなどの簡単な作業で構いません。あくまで仕事モードに切り替えやすくするためのきっかけづくりなのです。

起床時刻を意識するのも大切です。長期間の休みの間は生活が不規則になりがちで、起床時刻が遅くなる人も多いでしょう。起床時刻が遅くなることで、体内時計が狂うという問題も起きてしまいます。休日の最終日だけでも、起床時刻を平日と同じにしましょう。

長期間の休みの最終日に、「仕事の準備をする」「軽い仕事をする」「起床時刻をいつもどおりにする」ということを心がけると、休み明けから仕事モードに入りやすくなります。取り入れやすいものからぜひ実践してみてください。

連休最終日を翌日の準備にあてる

040

ストレスのもとになる「厳しすぎる」ルールを捨てる

目標達成や健康維持などの目的のために、自分自身にさまざまなルールを課している人も多いのではないでしょうか。

日々の習慣やルールは、目的に向かって心と体を整えてくれる大切なものです。

しかし、そこに固執しすぎてしまうと心身の不調の要因にもなりえます。「やらなければ」という思いがストレスとなり、必要以上の負荷がかかってしまうのです。

免疫力を上げるための健康の習慣やルールは、数回で効果が出るものではありません。継続し、積み上げていくことで少しずつ効果を発揮します。

ですから、張り切って厳しいルールを自分に課すよりも、細く長く続ける意識を持つことが重要です。毎日実行し、習慣になるまで続けていくことが効果の出るいちばんの近道でしょう。

その際に大事なのは「完璧を目指さない」ことです。完璧を求めすぎると、体調が悪いのに無理をしてしまったり、決めたルールが守れなかったときに心が折れてしまいます。

せっかく高い意識を継続してきたのに、やってきたことがストレスとなり自律神経を乱す原因になってしまうなど、これほどもったいない話はありません。

細く長くストレスなく続けていくために大事なのは、「8割できた自分を認める」こと。体の声に耳を傾け、無理に取り組まない勇気も必要です。「時にはさぼってもいい」くらいのゆったりした心構えで取り組むと、いつの間にか「やるのが当たり前」になっている自分に出会えるはずです。

8割できた自分を認めることが継続の秘訣

041

ストレスのサインを見て見ぬふりしない

激動の現代社会を生きる私たちは、常にストレスの原因となるものに囲まれています。知らず知らずのうちにストレスを感じて、それが私たちのパフォーマンスを下げているということも珍しくありません。それを防ぐために、ストレスを感じている人がとりがちな行動、つまり「ストレスのサイン」を把握しておきましょう。

典型的なストレスのサインの一つは、インターネットをダラダラと見続けてしまうというものです。「〇〇について調べる」などといった明確な目的がなく、特に興味があるわけでもない情報をダラダラと見続けているというのは問題があります。実はこの行動は、現実逃避をしていることの表れなのです。

人はストレスを受けると、まず交感神経が上がって副交感神経が下がります。

その次に交感神経と副交感神経の両方が下がります。これはわかりやすくいえば、無気力で無反応になっている状態です。体のスイッチが入らず、ただぼんやりと過ごしてしまいます。この症状がひどくなると、うつ病につながることもあります。与えられた情報をただひたすら受け取り続ける、まさにネットをダラダラと見続けるような行動がこれにあたるのです。

また、しゃべるのが速くなるというのもストレスのサインの一つです。ストレスによって交感神経が上がっていることの表れともいえるでしょう。交感神経が上がっているときは血流が悪くなり脳の働きにも悪影響が出て、しゃべる速さや感情がコントロールしにくくなるのです。

ほかにも、パソコンのタイプミスの連発などもストレスのサインの一つです。こうしたサインに気づいたときには、リラックスして過ごすことを心がけてください。

☑ストレスのサインを察知して早めに対処する

Check point 2

- バタバタせず余裕のある朝を過ごすことによって、一日のパフォーマンスが高まる。一日を落ち着いてスタートするために、1時間早く起きてみる。

- 一日のゴールデンタイムというべき午前中には、高い集中力を要する仕事を入れる。この時間帯には、メールチェックなどの雑務を入れない。

- スマホのメモは便利だが、記憶の定着や自律神経のバランスを整える効果のある「手書き」も活用するのが重要。

- どんなに忙しくても、夜遅い時間までの残業はNG。早めに切り上げて十分な睡眠をとり、翌日に作業をしたほうが高いパフォーマンスを発揮できる。

- 寝る直前の食事や入浴は、睡眠の質を下げ、自律神経の乱れにつながる。スマホやパソコンも交感神経を刺激するため、寝る前は避ける。

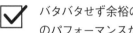

第3章

これまでの考え方やクセを捨てる

042

心を不安定にするだけの「プライド」を捨てる

ひとつの仕事を成し遂げたときに、自分は70点の出来であったと感じた場合、あなたはどう考えるでしょうか。

前回が60点だったなら自身の成長を喜び、一方で前回が80点であれば、次回はもっといい仕事をしたいと意気込む。そうシンプルに考えることができる人がいる一方で、自分の仕事を周りがどう評価するのか、気になってしまう人も少なくないでしょう。そう考えてしまう人は、プライドの高い人です。

プライドは自分の中にあるように見えますが、実は違います。プライドの正体とは「他人の目」なのです。

人間関係において、他人からプライドを傷つけられたと悔しがる人もいますが、それは自分が望む評価を他人がしてくれなかったり、自分が望む扱いを他人がしてくれなかったりすることなのです。自分がどう映っているのか、他人がどう自分を評価しているのか、そんなところにプライドが見え隠れします。

そして、プライドは自律神経にとって、非常に厄介なものです。仕事のストレスで心がボロボロになっても、会社を辞めようとしない人がいます。そんな方に話を聞いてみると、「せっかく就職できた大企業を辞めたくない」と話します。これもプライドの一つでしょう。他人から「あの有名企業に勤める人」と見られることにこだわりを持ち、プライドを持っているわけです。しかし、メンタルに不調をきたしてまで、守るべきプライドなど絶対にありません。

他人の目ではなく自分に向き合い、自律神経を乱すだけのプライドなどできるだけ捨てて、暮らしていくことを心がけてみましょう。

☑ 他人の目ではなく、自分自身に向き合う

043 反射的に怒ってしまうクセを捨てる

生活をしていれば、誰であっても「怒り」を感じる瞬間があるのは当然です。そんなときに思わず怒鳴ってしまうこともあれば、静かに心の中で、ふつふつと怒りをため込んでしまうこともあるでしょう。

この「怒り」という感情やそれを表現する行為は、自律神経を乱して心身のコンディションを崩してしまうことがわかっています。怒りによって血流が悪くなり、脳に十分な酸素と栄養素が行き渡らなくなると、判断力が下がってしまうこともあるのです。

ただ、「怒ること」に問題があるとわかっていても、瞬間的に、そして自動的に湧き起こってしまう感情なので、なかなか制御することはできません。そこで

☑ 自律神経を乱す「怒り」は事前に察知する

「怒りそう」になったら深呼吸

意識しておきたいのが、**まず「自分は怒りそうだな」ということを察知することです。そして、自分の怒りの感情を察知できれば、とにかく黙ってみましょう。そして一度、深呼吸をするのです。**

怒りは察知できれば、その段階で50％は収めることができます。そして、黙って深呼吸をすれば、その段階以上は自律神経を乱さずに済みます。怒りの感情を上手にコントロールしながら、自律神経を乱さないよう心がけましょう。

044 自律神経を乱す「他責思考」を捨てる

仕事や人間関係など、現代を生きる私たちは日々多くのストレスを感じながら過ごしています。

現実的に避けることができないストレスに対しては、「考えないようにしよう」とか「忘れてしまおう」と思う方もいるでしょう。しかし、実はこれでは何の解決にもなりません。逃げようと思えば思うほど、かえってそのストレスの要因を意識してしまい、結局は脳裏から消し去ることができなくなってしまうのです。

そこで対策としては、逃げるのではなく、一度、正面から受け止めてみるという方法に切り替えてみることをおすすめします。そうすると、ストレスの要因を生み出しているのは、自分自身であるということに気づくことができます。

たとえば、意欲の湧かない仕事をしていることがストレスであった場合、その職場を辞めずに勤務を続けているのは自分です。また、人間関係においても、ストレスを感じてしまうような相手とのつき合いを続けているのも自分です。他人を責めるのでなく、「自分にも責任がある」ということを受け入れて、いい意味であきらめてしまうと、意外と自律神経も整ってくるものです。

ほかにも、感じたストレスを定期的に紙に書き出してみるのもいい方法です。感じたストレスを箇条書きで列挙し、振り返ってみると「あのときはこうすればよかったのかもしれない」と冷静に、そして客観的に向き合うことができます。そして、次回同じ状況に立ったときのために「次はこうしよう」と前向きな対策を立てることもできます。このプロセスこそが自律神経を整えることになり、次の機会に、同じストレスを感じにくくなる方法の一つにもなるのです。

☑ストレスは「消す」のではなく向き合ってみる

045

「土日は休み」という固定観念を捨ててみる

ビジネスパーソンの多くは、週に2回、休みの日があるのではないでしょうか。毎日のように働いていると心身ともに健康を害することもあるので、休むことは非常に大切です。しかし、働き方や過ごし方に関する考え、そして休息のペースは、すべての人が画一的であるわけではありません。

おそらく、土日はしっかり休んだほうが、月曜日からベストな体調で仕事に臨めるという方が大半でしょう。土日にしっかりと休みましょう。しかし、そうでない人も現実にはいます。たとえば私がそうです。私は一年で「丸一日休む」ということが、ほとんどありません。完璧に丸一日休んでしまうと、そこで生活のペースが狂ってしまい、それを立て直すのに時間がかかり、かえってストレスの要因になってしまうのです。**私は休みの日でも病院に行って、患者さんの様子を確認したり、必要な書類のチェックなどを行っています。あえて、「完全な休日」をつくらないようにしているのです。**

「休まないなんて体に悪い」「オンとオフをはっきりさせたほうがいい」と指摘されることもあります。しかし、これこそ人それぞれのペースです。私はまったく問題ありません。

働く時間と休む時間のペースやリズムは人それぞれで、先入観によって生活のリズムを乱してしまっている方もいるということです。世の中のスタンダードや常識が、すべての人に当てはまるわけではないのです。

一度、自分の体や心と相談をしてみて、ベストなリズムやペースを探ってみてはいかがでしょうか。

☑ 先入観を捨てて自分なりのリズムを見つける

046

「先の予定に心を支配される」のをやめる

休日に気の合う友人や恋人と充実したひとときを過ごしているのに、心の底から楽しむことができないことはありませんか。そんなときは大抵、未来の憂鬱な予定のことが気になっていることが多いのではないでしょうか。

「来週の試験が不安だ」「明日のプレゼン、うまくいくだろうか」など、気にすれば気にするほど、今を楽しむことができなくなってしまいます。**このように憂鬱な予定を意識してしまうというのは、「今」という時間をすごく無駄にしてしまっていることだといえるでしょう。これは、とてももったいないと私は思うのです。**

私は医師をしておりますので、病院で「余命わずか」と宣告された方と話す機会があります。そんな方々からは、今日という一日、今この瞬間がとても尊く、大切なものであるという意識が強く伝わってきます。先のことなど心配している場合ではなく、限りある貴重な時間を噛みしめながら過ごしているわけです。

二度と戻らない「今」という貴重な時間を、憂鬱な感情や不安に支配されながら過ごすのは、とてももったいないことです。もし、仮に未来のことを心配したことで何かしら状況が好転するならばいいかもしれませんが、くよくよ気にしても結果は変わらないことのほうが多いでしょう。それに、生きているならば、誰にも何かしら憂鬱な予定はあるもので、人生なんてそんなものなのです。

そもそも明日以降の予定について心配する余裕がある時点で、とても幸せな状況なのです。まずはそこを認識すべきでしょう。

そして、もっともっと「今という時間」を大切にすることで、人生が充実したものになっていくはずです。

☑ 先のことを心配して「今」を無駄にしない

047

「先延ばしするクセ」を捨てる

やらなければいけないことを、ついつい先延ばしにしてしまうクセがある人におすすめしたいのが「とりあえず行動してみる」ことです。

とりあえず行動することが重要ですので、おっくうなタスクである必要はありません。自分が気の向きやすく、動きやすいものからはじめてみましょう。

思い立った瞬間に映画鑑賞に出かけてみたり、前から気になっていた飲食店に足を運んでみたりするのもいいでしょう。読書がはかどらない方ならば、積ん読状態であった本の表紙をめくってみるだけでも十分です。また、いつか旅行に行きたいと思っている方ならば、隣町でもいいのでとりあえず向かってみてはどうでしょうか。とにかくまずは、行動をしてみることです。

実は近年、この先延ばしの習慣がクセになってしまっている方がとても増えています。その大きな原因のひとつは新型コロナウイルス感染症の影響です。**振り返ってみればコロナ禍では、公私問わず「コロナが収束したら……」と、先延ばしの言葉が口癖になってしまっていたと気づく方も多いのではないでしょうか。**

人間は動けば動くほどフットワークが軽くなるものです。逆に動かないと、どんどん身動きがとれなくなっていきます。精神的なものだけでなく、筋肉も衰え、体力も低下し、心身ともに不健康な状態になってしまうのです。

例に挙げたような、自分にとって動き出しやすいものからはじめることで、まずはフットワークを軽くする練習をしてみましょう。このような小さな一歩が、先延ばしのクセを克服する重要な第一歩にもなるはずです。

☑好きなものから、とりあえず動いてみる

048

やるべきことを決めて迷いを捨てる

私は多くのスポーツ選手に心身のコンディショニングに関するアドバイスをしていますが、パフォーマンスを上げるために重要なことは、迷いを捨てることです。プレーの前に「ほかの選択肢を考えるべきでは」「失敗したらどうしよう」「チームメイトに迷惑をかけてしまうのではないか」と、あれこれ考えてしまっては成功するものも成功できません。緊張したときこそ、迷いを捨てて「やること」と「やらないこと」を自分の中で明確に整理する必要があるのです。

これはアスリートの話だけではなく、誰であっても、**緊張してしまうような状況では同じことが当てはまります。緊張しているときというのは、「やること」が明確になっておらず、「どうしよう」と悩みながら行動していることが多いの**

です。迷いをなくすことこそ、過度な緊張感を防ぐコツであるといえるでしょう。

ちなみに、私もテレビ出演のときには、緊張してしまうことがあります。カメラの向こう側で何百万人もの方が見ていると考えてしまっては、当然といえば当然のことでしょう。

そんなときはアスリートと同じく、「やること」と「やらないこと」を自分の中で明確に区別します。たとえば情報番組に出るときには、自分の専門分野について聞かれたときにはしっかりと答えます。しかし、それ以外の話題については「多くは語らない」と決めます。バラエティ番組に出演したときでも、自分の役割以上のことを演じたりする必要性はないと思っています。

やることを明確化すれば落ち着くことができ、その結果パフォーマンスをアップさせることができるのです。

☑「やること」「やらないこと」を明確に決める

049

どうでもいい「小さな悩み」は全部捨てる

私たちは日々、いろいろなことに悩みます。その中には重大なものもあれば、取るに足らない小さなものもあります。悩みには大小があるというわけです。

小さな悩みとは、たとえば「テレビの調子が悪いけど修理したほうがいいのか、買い替えたほうがいいのか」「久々に会う友人と遊びに行くけど、どこに行こう？」「奥さんへのプレゼントは何にしよう？」といったものです。

一つひとつはたわいもない悩みなので、緊急性がないのなら放っておいてもよさそうですが、これらが積もり積もっていくと意外と厄介な存在になってしまうので注意が必要です。使うのか使わないのかわからない小物がゴチャゴチャと入って、整理が難しくなった押し入れを想像してみるといいでしょう。こんな状況では、いざというときに必要なものが取り出せません。

頭の中も、小さな悩みでゴチャゴチャと片づいていない状態にならないようにしないといけないのです。日常の整理整頓と同じで、思い切ってものを捨ててスッキリしましょう。小さな悩みは捨ててしまうに限ります。

小さな悩みを捨てる方法は、時間をかけずに解決するというものです。「寝る前の30分間を使って判断する」「保留は１日まで」などと、自分なりのルールを決めてサクサクと決断していきましょう。

整理整頓が終わって頭がスッキリした状態になると、小さくはない「中ぐらい」の悩みや大きな悩みなど、自分にとって重要な悩みにしっかりと向き合えるようになります。そうした重要な悩みについて時間をかけて考えるためには、小さな悩みに煩わされないように日頃から頭の中を整理しておく必要があるのです。

☑ 小さな悩みは時間をかけずに決断して解決

050 「嫌なこと」に対しては結論を出してすぐ捨てる

生きていれば、嫌なことに必ず出くわします。嫌なことがずっと気になってしまうと自律神経は乱れ、結果として血流が悪くなり、心身のコンディションが悪化してしまいます。

ただ、残念ながら「嫌なことなんてなければいいのに」と考えても、それは不可能です。生きていくうえでの宿命といえるかもしれません。それならば、嫌なことをなくそうとするよりも、対処法を自分の中で持っておくことが重要です。

絶対にやってはいけないのは、問題を棚上げしてずるずると先延ばしにすることです。嫌なことを放置していると、その間ずっと自律神経は乱れ続け、心身のコンディションがいつまでも整いません。

対処法としておすすめしたいのが、「とりあえず結論を出す」ということです。たとえば職場の人間関係で、どうしても気の合わない人とのつき合いに悩んだとしましょう。

そこで「その人と極力、関わらないようにする」「相手の発言を流してしまうことにする」「気分の悪い連絡は１度だけ確認をして、２度はチェックしない」などと、とりあえずの結論を自分の中で出してみます。

ポイントは、「とりあえず」でいいということ。根本的な解決を目指す必要はまったくなく、自分なりの方針を決めるだけでひとまず十分です。

そして、「とりあえず」の結論を出したあとは「それ以上、考えることは無駄。もう考えない」と決めます。結論を出して、捨てる。嫌なことに対してはそんな意識を持つことで、気分をリセットすることができるのです。

嫌なことを引っ張らず「とりあえず」の結論を出す

051 自律神経を乱す衝動買いをやめる

買い物をするのがストレス解消につながる、という人も少なくないでしょう。しかし、ストレスがたまった状態で衝動買いをしてしまうことは、結果として自律神経を乱すことになります。

先述のとおり自律神経には交感神経と副交感神経がありますが、この2つは一方が高くなれば一方が低くなるという、シーソーのような関係になっています。

衝動買いをすると、まずはアクティブな気持ちを司る交感神経が一気に高まり、気分が高揚します。しかし、交感神経が急激に高まるということは、一方で副交感神経の働きを一気に落とすことになるのです。

極端に交感神経が優位になり、副交感神経の働きが下がってしまうようなバランスが崩れた状態では、血流が悪くなって胃腸の働きが低下します。さらに体内の解毒力も低下、体に老廃物がたまってしまうのです。**一瞬の高揚感を得ることができても、結局は気分が落ち込んで、ストレスが大きくなります。このように衝動買いは、結果として心身に悪影響をおよぼすのです。**

また、衝動買いをしたものは結局不要なものが多く、最終的には使わずに捨てることになることも多いでしょう。処分をするときにもまた、自分自身への嫌悪感などがストレス要因になってしまいます。

衝動買いから卒業するためには、「無駄なものはいっさい買わない」「買ったものは使い切る」と決意し、買い物には明確な目的を持つことを心がけましょう。それでも衝動買いでストレスを解消したくなったら、身の回りを片づけてみてください。片づけには、乱れた自律神経を整える効果があります。

☑ 明確な目的を持って買い物をする

052

気持ちを切り替えるには物理的にものを捨てる

「気持ちを切り替えよう」と頭の中で考えるだけでストレスを解消できるなら、こんなに楽なことはありませんが、それがうまくいかないことはみなさんも経験上、ご存じなのではないでしょうか。

そんなときは、無理に頭で気持ちを切り替えようとするよりも、「ものを捨てる」という物理的な手段を使ってみることをおすすめします。

いらないものを捨てて片づける行為は、気持ちの切り替えにつながりますので、私自身も、いらないものや使わないものを積極的に捨てることによって気持ちの安定を図っています。

私はいろんな場面で、「ストレスなどのメンタルの問題をメンタルによって解

決するのは難しい」という話をしています。

メンタルの不調には物理的なアプローチを使う

　メンタルの不調を解決するには、体のバランスを整えたり、このようにものを捨てたりといったメンタル面以外のアプローチを使うことが大切なのです。

「捨てる」という言葉にポジティブな印象を持てない方もいるかもしれませんが、身の回りを整理すると、すっきりとした気持ちやワクワク感を手に入れることができます。ものを捨てることは、活力を得て新しいスタートを切るための、とても前向きな習慣だといえるでしょう。

　いらないものに囲まれて生活していると、どうしてもそのいらないものが目に入ってくるので、知らないうちにストレスを感じながら過ごすことになるでしょう。もしかすると、気持ちの切り替えがうまくいかないのは、そのような雑然とした生活環境に原因があるのかもしれません。

053

「現状に対するモヤモヤ」を捨て去る

実は私はもともと、小児外科医の分野を突き詰めたいと考えていました。しかし、研究をしていく中で私よりもはるかに優秀な方々を目の当たりにし、自分にはとても無理だと限界を感じたのです。

それからは、当時多くの医師が見向きもしなかった医療訴訟の分野に携わるなどしながら、自分の軸として研究を続けていた自律神経の分野を真剣に突き詰めるようになります。

私は多くの方に「医者として順風満帆ですね」という言葉をいただきます。しかし、決してそんなことはありませんでした。むしろ、私自身は挫折の多い医師人生だと思っています。

挫折の多い人生では、望まない境遇に立たされることも少なくなかったのですが、とりあえず「流れに逆らわず」に生きてきました。

そして**「腐ることなく、今あるポジションで花を咲かそう」という意識を大切にしてきたのです**。

現状に対しての不満をぐずぐずと抱えていても、何も解決はしません。モヤモヤとした気持ちは自律神経を乱すだけです。

それならば、モヤモヤとした気持ちをスパっと切り替え、「とりあえずは流れにまかせてみよう」と決断してみましょう。

日々の生活の中で、必ずしも大胆な決断をする必要はありません。とりあえず流れにまかせて、しなやかに生きてみるというのも決して悪くない生き方です。

これは私の人生が証明しています。

☑ 大きな決断は不要。流れにまかせてしなやかに

054

不安しか生み出さない「無駄な想像」を捨てる

高所恐怖症の人は、実は高い場所が怖いわけではありません。「こんな高いところから落ちてしまったらどうしよう」という「想像」をしてしまうことによって、恐怖に襲われるのです。また、大人数の前で大事なプレゼンテーションをすることになった際、多くの人が緊張をするはずです。唇は乾いて、言葉がうまく出なくなったりもするでしょう。ただ、これもプレゼンをすることそのものが緊張の種になっているわけではありません。「もし失敗をしてしまったらどうしよう」という想像が、過度な緊張を招いてしまうのです。

共通しているのは「想像」です。恐怖や緊張を抑えるためのいちばんの解決策は、このような無駄な想像を捨てることでしょう。

しかし、捨てろと簡単に言われても、なかなかうまくいきません。「失敗を想像してはダメだ」と強く思えば思うほど、逆に意識をしてしまうものです。交感神経は過剰に高くなり、副交感神経は極度に低い状態となり、どんどんパニックになってしまうでしょう。

パニックを起こさず、落ち着きを取り戻すためには、自律神経のバランスを整えるアプローチが有効です。そこで重要になるのが呼吸です。

呼吸は自律神経のバランスと密接なつながりがあります。ゆっくりした呼吸は副交感神経を高めます。そして収縮していた血管がゆるみ、質のよい血液が体のすみずみまでめぐることになります。その結果、自身のパフォーマンスがアップするのです。恐怖を感じたとき、そして緊張したときにはまず、大きくゆっくりとした呼吸を心がけてみましょう。

☑ゆっくりとした呼吸で落ち着きを取り戻す

055

「とりあえず走り出す」クセを捨てる

あなたは何か新しいことをはじめるときに、慎重に準備をしてから取りかかるタイプですか？　それとも、なんでもいいから手をつける「とりあえず走り出してみてから考える」タイプでしょうか？

とりあえず走り出すタイプは決断力に満ちた優秀な人かもしれませんし、そうした行動で成果を上げられる可能性も大いにあるでしょう。しかし、冷静に成功確率という面から見ると、慎重に準備をするほうが望ましいのです。

「とりあえず走り出す」というやり方だと、自律神経が乱れやすくなり、そのときのパフォーマンスのレベルはぐっと下がってしまいます。

サッカーの試合では、１２０分の間に決着がつかずＰＫ戦がはじまると、その直前にキッカーを決めるチームがあります。選手が立候補したり、監督が各選手のその日のパフォーマンスを見たうえで指名したりと、さまざまなケースがあるようです。しかし、試合開始前の段階で、もしＰＫ戦にもつれこんだら誰がキッカーを務めるのかを決めておくほうが、自律神経を整えるという意味では有効です。キッカーに決まった選手は、メンタル面でも技術面でも、試合前から入念に準備をしておくことができるのです。

ビジネスでも、周囲を十分に納得させるプレゼンテーションは、事前にしっかりと資料を用意し、どんな質問が飛び出すかなどのシミュレーションも済ませた状態だからこそ生まれるものなのではないでしょうか。「出たとこ勝負」では、うまくいかないことも多いはずです。ビジネスにせよ、スポーツにせよ、ベストなパフォーマンスは心身ともに安定した状態から生まれるものなのです。

☑大きな成果は入念な事前準備から生まれる

056

気持ちが乗らないときはすぐに仕事をはじめない

朝、職場に出勤したものの、なんとなく落ち着かず、やる気が起きないということは、誰しも経験があるはずです。

このようなときは、自身のメンタル面にのみ注目してしまいがちですが、体の変化にも目を向けてみましょう。実はこのようなときには、呼吸が浅くなっていることがあるのです。

私の場合は、こういうときにはすぐに仕事にとりかかろうとせず、ゆっくりと丁寧にデスク周りの片づけをしてみます。すると、自然に呼吸が深くなり、体のすみずみまで質のいい血液が流れます。**バタバタするのではなく、まずはその日の気分を受け入れて、一度あきらめてみることで、スムーズに仕事へ向かうこと**

ができるのです。

しかし、それでも気分が上がってこない日もあるでしょう。そこでおすすめしたいのが、日々のルーティンを持つこと。いざ心がスランプの状態に陥ったときでも、すぐに持ち直すことができます。

たとえば、メジャーリーグで活躍したイチロー選手は、バッターボックスに入ると、バットを持った右手をピッチャーへ向け、左手でユニフォームの袖を引っ張るなどのルーティンを持っていたことがよく知られています。このような動作を習慣づけることによって、自分のリズムを築いているのです。

心のスランプを感じたら、日々行っているルーティンを、意識をしながらゆっくりとやってみましょう。そうすると、呼吸もゆっくり深くなり、いつもと同じような心を取り戻すことができるはずです。

☑ 心身を安定させるルーティンを持っておく

057 無理に気持ちを切り替えようとするのをやめる

本書の中では、後ろ向きになってしまった気持ちを前向きなものに切り替えるための方法をいくつか紹介しています。

それらがうまく効果を発揮して前向きな気持ちになれたならよいのですが、場合によってはどうしても気持ちが切り替えられないこともあるでしょう。

そんなときに前向きな気持ちになれないことを気に病んでいたら、余計に落ちこみが加速してしまいます。

そんなときは思い切って、気持ちの切り替えをあきらめてしまいましょう。

無理に気持ちを切り替えようとして心身を悪い状態にしてしまうことを避けて、時間が解決してくれるのを待つのです。

気持ちの切り替えをあきらめるというと、後ろ向きで救いがないように感じるかもしれませんが、「解決はもう時間にまかせることにする」と決めた瞬間から、自律神経は整いはじめるものなのです。

人は生きていれば、人間関係、お金、仕事、家族、健康など、さまざまなことで悩みます。

悩んで解決できるのであれば、いくらでも悩めばいいと思いますが、悩んでも解決できないことはたくさん存在します。そういう問題に対して、ぐるぐると思いをめぐらせ、時間を費やしてしまうのは、心身にとってよくありません。

気持ちの切り替えをあきらめるのは、心身のコンディションを保つうえで有効な方法なのです。問題から距離を置くことで、問題を冷静にとらえることができるようになり、たちまち解決策が浮かんでくるという可能性にも期待できます。

☑ 解決を時間にまかせ、ストレスを解消する

058

対症療法ばかりに頼るのをやめる

体調不良で病院へ行き、そこで何かの病気の診断が下されれば、薬を飲んで治療することになるでしょう。

ただし、それによって一時的に体調が回復したように見えても、安心することはできません。投薬による対症療法は、病気の根本的な解決にはならないのです。

たとえば、病院で腎臓が悪いことがわかれば、薬で腎臓を保護することになるでしょう。しかし、そもそも腎臓に入ってくる血液の質が悪ければ、大きな効果を期待することはできません。

また血液は体じゅうをめぐるものなので、血液の質が悪くなれば、腎臓のみならず体のあちこちで不調を起こすことになります。そのたびに薬で対症療法をし

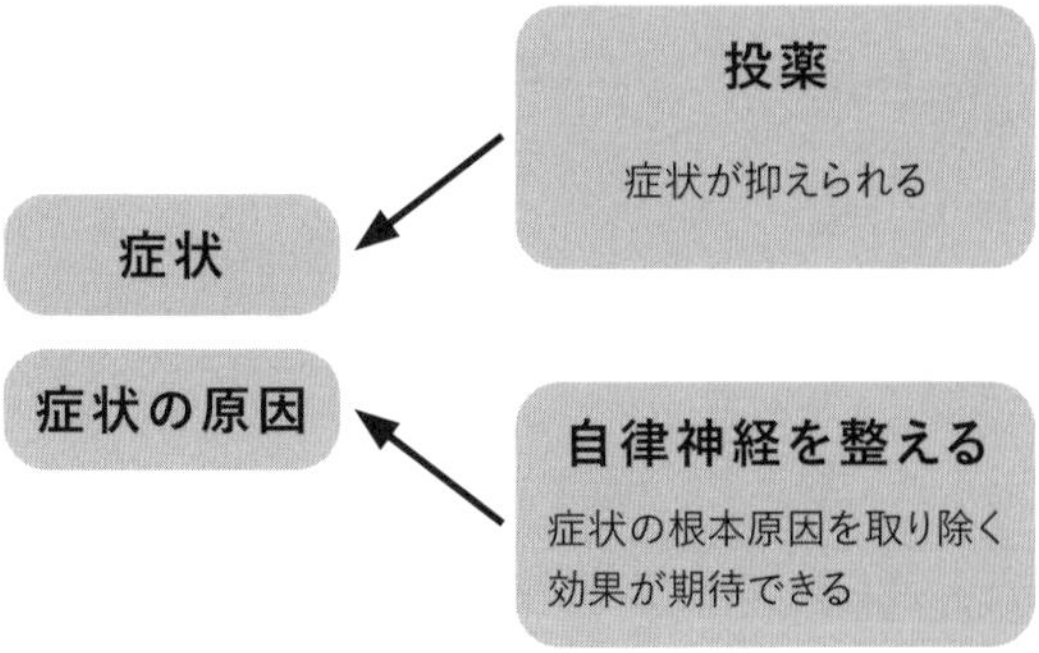

ても、根本的な解決にはなりません。

では、薬などで対症療法を行う以外に、何をすべきなのでしょうか。健康へのステップとして意識をしたいのが、自律神経のバランスを整えることです。特に、忙《せわ》しない現代社会においては、副交感神経の働きを高めていくことが重要です。副交感神経の働きを高めることができれば、体が本来の能力を取り戻し、さまざまな症状を根っこから解決してくれるのです。

☑ 自律神経を整えて不調の原因を根治する

059

いきなり高いハードルを越えようとするのをやめる

陸上競技のハードルは、乗り越えないといけない困難を表す比喩の言葉としても使われています。陸上競技のハードルはトレーニングによって飛び越えられるようになりますが、困難を表すハードルのほうも、何度もチャレンジすることで乗り越えるコツがわかってきます。

コツがわかってきて簡単に乗り越えられるようになると、最初は「こんな高いハードル、自分には無理だ」と思えていたものが、「あれ、こんなに低かったっけ？」と思えてくるようになります。

「コツを知ることによって、高く見えていたハードルが越えられるようになる」という経験は非常に大切です。この経験によって、「自分はあのハードルを克服することができたのだから、次も大丈夫に違いない」と困難に立ち向かっていく自信を持てるようになるのです。

乗り越えたという成功体験を積み重ねることが重要ですので、何かにチャレンジするときはハードルを最初から高くしないようにしましょう。チャレンジをすることは重要ですが、無謀なチャレンジはよくありません。

いきなり高いハードルから挑むのではなく、少し低めのハードルからチャレンジするようにして、徐々にハードルを上げていき、最終的に高いハードルを飛び越えられるようにすればいいのです。

たとえば「英語の原書を読む」という目標があるのなら、いきなり難しい分厚い文学書から読むのはよくありません。児童向けの絵本や漫画などからはじめて、最終的に文学書を読めるようになればいいのです。

☑困難を乗り越える成功体験でコツをつかむ

060 取り返せないものに意識を向けるのをやめる

人はどうしても、過去に自分がしてしまった失敗などについて、くよくよと後悔してしまうものです。この過去を振り返る行為には、意味があるものと意味がないものの2種類があると私は考えています。

意味がない振り返りは、もう取り返せないものについてくよくよと後悔するというもの。仕事上での失敗について、ただただ「なんで自分はあんな失敗をしてしまったのだ」と考えても今後につながらないので意味がありません。

同じように振り返りをするにしても、「こういう原因でミスをしてしまったのだから、次は事前にこういう準備をしておこう」などと今後のアクションを踏まえて考えることには、大きな意味があるでしょう。

取り返せないことにこだわっても、心身がすり減るばかりで何も生まれません。過去を振り返る際には、「今後は同じ失敗をしない」というように、次を踏まえて考えるようにするのが大切です。

このことに限らず、本書でテーマとしている「捨てる」「やめる」という行為は、人生の次のステップに進むためのものです。未来をよりよく生きるために、過去を「捨てる」「やめる」ということです。

過去に大きなトラブルがあったのだとしても、そのトラブルが起きた瞬間ではなく、そのトラブルを受けてどう生きていくかという「次の瞬間」に意識を向けることが大事なのです。

過去に起こってしまったことは、もう変えられません。ですが、その後の人生をどう生きるかは私たちが決められるものなのです。

☑今から変えられるものにだけ意識を向ける

061

アイデアを頭の中にためこむのをやめる

自分の仕事に情熱を持って意欲的に取り組んでいる方ならば、プライベートの時間であったとしても、「あの仕事のいいアイデアを思いついた」などと常に頭のどこかで、仕事のことを考えていることもあるでしょう。

それだけ自分の仕事に夢中になれることは、とても幸せな人生だといえます。ただ、ひとつ注意しておいてほしいことがあります。頭の中にアイデアをためこみすぎてしまうことは、決していい結果を生まないということです。

アイデアがどんどん頭の中にたまっていくと、頭の中が散らかった状態になってしまうのです。また「あのときにひらめいたアイデアってどんなものだったかな……」と無理に思い出そうとするのも、これもまたストレスの原因になること

でしょう。

このようなイライラやモヤモヤが、自律神経の乱れにつながります。よいパフォーマンスを発揮するためのアイデアが浮かんでいるのに、それがパフォーマンスを落とす原因になってしまっては、とても残念です。

では、せっかくひらめいたアイデアはどうすべきなのでしょうか。解決方法はそんなに難しいことではありません。アイデアが浮かんだときに、必ずノートや手帳などに書いていくようにすればいいのです。

アイデアを紙に書いておけば、いつでも見返せますので、忘れてしまっても問題ありません。これさえやっておけば、頭の中がパンパンになる心配はなく、常にすっきりと片づいた状態になります。実際に、アイデアや行動力にあふれ、ビジネスで成功している方の多くは「メモ魔」であることが知られています。

✓アイデアはメモに残して頭の中はクリーンに

062

過去や未来にとらわれるのをやめる

病院で入院している患者さんとお話しをしていると、「昔はよかった」とため息をつく人が多くいます。入院中ですので何かしらの病気を抱えているわけですから、過去を振り返り、「あの頃はよかった」「昔に戻りたい」と「今」から目を背けてしまいたくなるのは、当然かもしれません。

しかし、残念ながらタイムマシンでも開発されない限り、昔に戻ることはできません。どう願っても、今は今のままなのです。

一方で、「もう限界が見えてきてしまった」「どうせ頑張っても無駄だろう」「きっと失敗するだろう」と未来を悲観する方もいます。こちらも、いくら悲観したところで何かが解決されるわけでもなく、未来が明るくなるわけでもありません。

このように過去や未来にとらわれる傾向は、年齢を重ねるほど強くなってくるといわれています。そんな人におすすめしたいのは、まず「よかった頃の写真」を捨ててみることです。過去の気分のいい思い出を捨てることになるわけですから、勇気のいることかもしれませんが、ぜひ一度挑戦してみてください。**そうやって過去を片づけることで、心の中にスペースができることでしょう。そして、その空いたスペースに「未来の写真」を描いていくのです。**

もちろん、せっかく未来に目を向けることができたら、不安がる気持ちも捨てましょう。悲観するのではなく、自分の手で未来をつくっていく。そういった感覚で「未来の写真」を描いていくのです。「今度、あの場所に行ってみたいな」「こんな仕事ができるようになったらいいな」と、「明るい写真」を載せることで、毎日をワクワク過ごすことができるようになります。

☑過去の思い出を捨て、明るい未来を描く

063

「節目」を意識しすぎるのをやめる

成人、還暦、古希など、人生にはさまざまな節目があります。誕生日を迎えたときに、「ついに自分も40代か」などとしみじみとした思いを抱く人も多いことでしょう。また、「30歳までに結婚したい」「45歳までに課長に昇進したい」などといった、年齢の区切りを使って目標を設定している人も多いことでしょう。

年齢以外にも、就職や結婚、子どもの誕生などをきっかけに、「人生において次のステージに進んだ」と、人生の節目を感じた人もいるのではないでしょうか。

こうした節目を迎えると、人は不思議と達成感を覚えるものです。一年の中の大晦日、元旦なども節目を感じさせるものかもしれません。大晦日も、「無事に一年やってこられた」という達成感を抱かせる効果があります。

しかし私は、あまり節目を意識しすぎないほうがいいと考えています。**節目を意識しすぎないことによって、毎日を淡々と穏やかに過ごせます。習慣を大切にしながら、淡々と日常を積み重ねていくことによって、自律神経が乱れることを避け、心身のコンディションを維持しやすくなるのです。**

もちろん、節目にからめて、「40歳までに○○をする」といった目標を設定し、それをモチベーションにしながら生きていくのは悪いことではありません。

しかし、「目標を達成すること」を大きな節目だととらえてしまうのは、「燃え尽き症候群」につながりやすい考え方なので、注意が必要です。

目標を設定することやそれに向かって邁進することは大切ですが、心身のコンディションを保っていくためには、絶え間なく続いていく日々を大切にすることも忘れないでおきましょう。

☑ 淡々と日々を積み重ね、コンディションを維持

064

「効率」を追い求めすぎるのをやめる

ビジネスシーンでは何かと「効率」が重視されて、とにかく効率がいいことが絶対的な正義のように語られることがあります。効率よく仕事をこなしている人が、高い評価を受ける組織も多いかもしれません。

しかし、この「効率絶対主義」が現代のビジネスパーソンたちの自律神経を狂わせています。「もっと速く」「もっと無駄なく」と意識をすればするほど、プレッシャーがかかり、交感神経を刺激します。現代社会では、多くの人が副交感神経よりも交感神経のほうが高くなっていることは先述しましたが、その背景にはこのような問題もあると思っています。

副交感神経よりも交感神経のほうが高くなっている状態が続いてしまうと、著しく仕事のパフォーマンスが下がります。身の回りでも、効率を求めすぎて、いつもせかせかとオフィスを歩き回り、キーボードをガチャガチャと音を立てて叩いているような人は、仕事があまりできないタイプなのではないでしょうか。

信じられないかもしれませんが、仕事で高い成果を上げる人ほど、動作がゆっくりしています。話し方も落ち着いていて、ドタドタと足音を立てたりすることもありません。「余裕がある」と言い換えることもできるでしょう。

忙しくて「たくさんの仕事をなんとかうまく進めたい」と思っているときこそ、スピードアップを図るのではなく、ゆっくりとした呼吸で、ゆっくりと動くことを意識してみてください。にわかには信じがたいかもしれませんが、下がってしまっていた副交感神経の活動レベルが高まり、結果として仕事のパフォーマンスを高めることができるのです。

☑ 忙しいときこそゆっくり動いてみる

065

すべての物事に全力投球するのをやめる

「全力投球」は非常にポジティブなことだと受け止められている言葉です。しかし、どんなことにでも全力で取り組んでいると、人は疲れ切ってしまいます。ここぞというときに全力を出すようにして、それ以外のことは力を抑えるという「選択と集中」が肝心です。

通常は、6~7割ぐらいの力を使うようにするのがおすすめです。大切なときのために力を温存できるだけでなく、「これだけ全力で臨んだのに成果が得られない」「全力を尽くしているのに評価されない」と自分自身が期待して失望してしまうのを避けられるという効果もあります。6~7割の力なら、「まあ、こんなものだろう」と冷静にとらえることができるでしょう。

人生にはさまざまな局面があるので、「ここは全力を出す価値がある」「ここは6～7割の力で十分だ」などと見極めていく必要があります。一歩引いて、冷静な目で見るようにすれば、意外と大半の場面は6～7割の力での対応でまったく問題ないことがわかるのではないでしょうか。

6～7割の力で取り組むということは、言い換えれば適度に力を抜くということでもあります。**力を抜く＝手抜きと考える人もいるかもしれませんが、「力の配分を調整している」ととらえるのが正しいでしょう。普段、6～7割の力を使っているからこそ、いざというときに10割の力を発揮できるのです**。

仕事や生活において「なんだかしんどい」「すぐに疲れてしまう」と感じている人は、力の配分が適切なのかを見直すようにしましょう。力の注ぎすぎを改善すれば、毎日が過ごしやすくなるはずです。

☑ 大抵のことは6～7割の力で対応できる

066

「いいストレス」まで捨ててはいけない

ストレスを感じているとき、なんとか解消したいと私たちは考えます。あるいは、「ストレスなんてひとつもなければいいのに」と、ストレスそのものが発生しないような人生に憧れることもあるでしょう。

また、実際に最近の若い人は「嫌ならどんどん仕事を替えればいい」と、ストレスゼロを目指すような生き方を選ぼうとする傾向が強くなっていると感じます。たしかに嫌な気分がどんなときも頭の中をかけめぐって、心身をむしばんでしまうようなストレスは大きな問題です。

しかし、ストレスのすべてが悪であると言い切ることはできません。実は「いいストレス」というものも、間違いなく存在するのです。また、ストレスが完全になくなってしまうと交感神経が高まりにくくなり、かえって自律神経のバランスがとりにくくなってしまいます。

私は医師として、これまでたくさんのストレスを味わってきました。しかし、私がもし医師という道を選んでいなかったとしたら、今の私ほどの満足感を得ることはできなかったと思います。結果として、医師として感じていたものは、私の人生には必要な「いいストレス」だったということでしょう。

悪いストレスは心身を壊すことにつながりますが、いいストレスは自身の成長に寄与することになります。

ストレスを感じたら、まずは自分の成長のために必要なものかを自問しましょう。必要と判断すれば受け入れて、不要ならば徹底的に自分を守る行動をとることです。

☑いいストレスは自分の成長と自律神経に効く

067 悩むことをマイナスにとらえすぎるのをやめる

多くの人が「悩みさえなければ、人生はハッピーなのに」と考えたことがあることでしょう。実際に悩みを抱えているときに、「この悩みさえなければ……」と願う人はたくさんいます。ですが、まったく悩みがない人生を過ごした人は弱い人に育ってしまうかもしれません。

先述したストレスと同じように、悩みは自分が成長するためのチャンスととらえることができるのです。**成功している人は、常に何かに悩んでいるものです。目の前の悩みを乗り越えながら、そのたびに成長を重ねて現在の地位を得たといえるでしょう。悩み抜いた先にこそ、新しい発見や成功があるのです。**

そう考えると、悩みをマイナスにとらえすぎる必要はないことがわかります。

「この悩みを克服したときには、自分は人生の新しいステップに進めているはずだ」などと期待感を持ってポジティブに考えられるようになります。

こういうふうに考えられる人は、「悩み方がうまい」のだともいえるでしょう。悩み方がうまい人は、自分が抱える悩みのタイプによって、どんなふうに対応すればいいかも見極められます。「この悩みなら、あの人に相談したらヒントをもらえるだろう」「以前の悩みと似ているから、あのときの解決方法が参考になるはずだ」などと、戦略的に悩むことができるのです。このように戦略的に悩める人は、悩み方の天才といえるかもしれません。

いきなりそういった天才になることは難しいかもしれませんが、まずは悩むことをマイナスにとらえすぎるのをやめましょう。悩みをマイナスにとらえないことで、自分を変えていくことができるようになります。

☑ 悩むことを前向きにとらえ、成功につなげる

068

他人の悪口を言うのをやめる

ランチや飲み会の席で職場の上司の悪口を言うことが、ストレス解消になっているという人は少なくないでしょう。

たしかに、ほんの一瞬はスッキリすることもありますが、実は多くの人が想像している以上に、悪口を言うということは、心身に悪影響をおよぼします。

まず、どんなに嫌いな相手を対象とした悪口であっても、心のどこかでは「ネガティブなことを言ってしまった」という後悔が生まれます。これがストレスとなって、交感神経が過剰に刺激されるのです。

また、悪口をよく言う人は老化が進むのが早く、長生きができないという研究もあります。人間の細胞内にある染色体の末端にテロメアという部分があるのですが、これは「長寿遺伝子」と呼ばれることもあり、その長さが細胞の老化や寿命の目安になります。驚くことに、**悪口によってこのテロメアは短くなり、長生きができなくなるのです。逆に、他人の幸せを思い浮かべると伸長するという性質もあります**。

心身への悪影響のみならず、そもそも他人の悪口をよく言う人というのは、他者から信頼を得ることができません。

話している相手も「自分の悪口もほかで話しているのではないか」と不安になることでしょう。逆に、他人の悪口を言わない人は周囲から尊敬され、信頼されているはずです。

一瞬のうさ晴らしにはなっても、結果的に心身や人間関係に悪影響をおよぼす悪口は、自分にとってメリットがないものといえるでしょう。

☑悪口は寿命を縮め、他者からの信頼も失う

069

怒りを無理やり抑えこむのをやめる

生きていれば誰でも怒りを覚える機会はあって当然ですが、先述のとおり、この怒りの感情も自律神経に悪い影響をおよぼします。

ただし、怒りの感情が必ずしも悪いものであるかといえば、そうとも限りません。怒りの感情がきっかけとなって、やる気やモチベーションにつながることも、よくあることだからです。

最も避けるべきなのは、湧き上がってきた怒りの感情を別の感情に変えて、やり過ごそうとしてしまうことです。感情を無理に押し殺してしまえば、本当の自分の気持ちを抑えることになり、とても大きなストレスにつながるのです。

そこでおすすめしたいのが、あえて怒りの感情と向き合ってみるということで

☑その日の怒りを日記につけ、客観的に分析する

す。どのようにして向き合うのかというと、日記に、その日感じた怒りの感情の内容を書きとめていくという方法です。

湧き上がってきた感情を、自分に正直に書き連ねる。怒りを感じた瞬間からある程度時間をおいてから行うことで、客観的にそのときの状況を分析することができます。この一歩引いた視点を持つことで、自分なりの解決策を導くことができ、やがて自然と怒りをコントロールできるようになっていくでしょう。

070 「きっとうまくいく」という考えを捨てる

あなたは楽観的なタイプですか。それとも、悲観的なタイプでしょうか。

あなたが何らかの資格の試験を数カ月後に受けるとしましょう。試験に備えて計画を立て、毎日勉強をしています。このとき、楽観的な人なら「これだけ勉強していれば、きっと試験に受かるだろう」と考えます。悲観的な人なら「これだけ勉強しても、試験に受かるとは限らない」と考えるでしょう。

楽観的な性格と悲観的な性格とを比べたとき、「どちらがいい」という優劣があるわけではありませんが、楽観的な人のほうが心のコンディションを保ちやすいのは事実です。

「自分はきっと試験に受かる」というのはまぎれもなく楽観的な考え方ですが、

一方で、「自分はきっと受からない」と考えるタイプの楽観主義も存在します。

受からないと予想するけれど決して深刻にはならないのが、この楽観主義です。実は私自身が、そういうひとひねりした楽観的な考え方をする人間なのです。「試験に受からなくて当たり前。だから落ちても大丈夫。問題ない」と考えます。

何かに挑むとき、この楽観主義は悪くありません。「うまくいかなくて当たり前」という考え方がベースにあるので、プレッシャーから自由でいられます。

ここで重要なのは、チャレンジにはちゃんと最善を尽くすということです。「うまくいかない」と考えているからといって、いい加減にやるわけではありません。結果に過度な期待をしないというだけで、決して手を抜くことはないわけです。

楽観主義にもいろいろありますから、自分に合うものを選んでパフォーマンスの向上に役立ててください。

☑ 過度な期待をしないのも一つの楽観主義

Check point 3

- ☑ 休息のリズムは人によって違う。完全な休日をつくることで自分のリズムが崩れると感じる人は、土日に軽い仕事をするのもおすすめ。

- ☑ 先延ばしのクセがついている人は、自分の好きなことでもいいので、思い立った瞬間に行動を起こしてみる。

- ☑ 衝動買いは、一瞬のストレス解消にはなるものの、結果的には自律神経を乱す。ストレス解消には、自律神経も整う「片づけ」がおすすめ。

- ☑ 急いでいるときこそ「ゆっくり動く」ことを意識すると、自律神経が整い、かえって作業の能率が上がる。

- ☑ ストレスには、悪いものばかりでなく良性のものもある。自分の成長につながると判断したストレスには、ポジティブに向き合っていくことが重要。

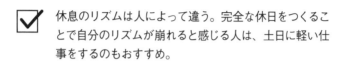

第4章

食事の常識を捨てる

071

朝食抜きの食生活をやめる

最近、朝食をとらないという食生活が当たり前になっている人が多く見受けられます。朝食は一日のエネルギー源を摂取するという意味でも重要ですが、朝食をとらないと自律神経の乱れにもつながります。朝食を抜くことで血流が悪くなり、頭がぼうっとしたまま一日を慌ただしくはじめることになり、自律神経のバランスも乱れてしまうのです。一度乱れてしまった自律神経を修復するのは大変なので、その日のコンディションが崩れたまま終わってしまい、高いパフォーマンスを発揮できないどころか思わぬミスをしてしまうこともあるでしょう。

朝から全開でハイパフォーマンスを発揮するには、しっかりと朝食をとることです。**適量の食事を一日3回リズムよくとることで胃腸に適度な刺激を与え、血**

液が全身の細胞に行き渡り、自律神経のバランスを整えてくれるのです。血液が脳へもしっかり行き渡るので、午前中ぼうっとして仕事にならないということがなくなり、仕事の効率化を図れるでしょう。また、全身に血液が行き渡ることで血流もよくなります。また、冷え性や低血圧の人は朝食をしっかり食べることで体温を上げ、体を温めることができるのでおすすめです。

そして、朝食をとることによる大切な効果は「余裕が生まれる」ことです。慌ただしくなりがちな朝に、少なくとも10～15分食卓に向かい、朝食をおいしく楽しむ時間をつくりましょう。ちょっとしたことでカッとなってしまうような、交感神経が優位になりやすい人には特におすすめです。このような朝の落ち着く時間を持つことで、イライラしたり慌ただしく一日をスタートすることを防ぎ、パフォーマンスの向上や人間関係のストレス改善も期待できるでしょう。

☑ 朝食で自律神経を整えパフォーマンスアップ

072 野菜の皮や芯は捨てない

健康的な食生活には野菜が欠かせませんが、野菜を食べるとき、皮や芯を取り除いて捨ててしまってはいないでしょうか。大根やカブの葉、ニンジンの皮、キャベツの芯など、**一般的には捨ててしまうところには栄養が豊富に含まれているので、捨ててしまうのは実はもったいないことなのです。**

普段、ニンジンや大根の皮を剥いてしまう人は、きれいに洗って皮ごと料理に使ってみましょう。煮物やスープなどにすれば、やわらかくなり、まるごとおいしく食べられます。大根やカブの葉は細かく刻んでゴマ油と醤油、酒、みりんとともに炒めれば、副菜として食卓に一品増やすことができ、冷めてもおいしいのでお弁当のおかずにも重宝します。キャベツやブロッコリーの芯など硬い部分もしっかり茹《ゆ》でたり煮込んだりすればおいしく食べられます。

普通の調理方法ではどうしても食べづらいものはミキサーで粉々にしてカレーに入れたり、牛乳と一緒に煮込んでポタージュスープにして食べたりする方法もあります。ほかの野菜や果物、ハチミツなどと一緒にミキサーにかけて栄養価抜群のスムージーにしてもいいかもしれません。食べ方を工夫してみると、調理のバリエーションが増えますし、食べることも楽しくなり、野菜の捨てるところはほとんどなくなるはずです。

また、野菜をまるごと食べると、中には硬い部分もあるので「よく噛む」という行為につながります。しっかり噛むことで顔の筋肉がゆるみ、表情がやわらかくなります。表情がやわらかくなると自律神経が整い、ゆっくりとウォーキングしているのと同じような効果が得られるのです。

☑ 野菜をまるごと食べて体の調子を整える

073

時間がないからと昼食を早食いするのはやめる

日々忙しく働く人に多く見られるのが、昼食時の早食い。少しでも時間を節約したい気持ちはわかりますが、これは仕事の効率化という点では逆効果です。**勢いよく昼食を食べてしまうと、午前中にもともと高い交感神経の働きがさらに高まり、その後、消化がはじまると今度は急激に副交感神経の働きが高まります**。これにより自律神経が激しく乱れるばかりか、副交感神経が高まりすぎることで眠くなるというサイクルに陥ってしまうのです。大量に食べることも眠気を引き起こすことにつながるので、腹八分目を心がけ、ゆっくりとよく噛んで食べましょう。食べ物をよく噛むことで副交感神経がゆっくり高まっていく効果が得られ、食後に眠くなるのを防ぐことができます。

また、昼食前に３００〜５００ミリリットルの水をゆっくりと飲むことも効果的です。そうすることで腸が動きはじめ、あらかじめ副交感神経の働きが高まるため、食後の急上昇を緩和させることができるのです。

これらを実践してみても、どうしても眠くなってしまうという人には、あえて交感神経の働きを上げ、集中力を高めるという方法もあります。眠気を感じたときに短く時間を区切って作業をしてみてください。休憩を挟みながら短時間でもしっかり集中することで、だらだらと時間を費やすよりも結果的には作業が進むはずです。

また、やる気や集中力が落ちたときには、机上や引き出しなど身の回りの片づけをしてみましょう。できれば1カ所20分を目安に時間を計りながら行うといいでしょう。時間で区切ることでより刺激が増し、自然と頭もさえてきます。

✓食事は、ゆっくりよく噛んで腹八分目

074 やわらかいものばかり食べるのをやめる

テレビでグルメ番組を見ていると、やわらかい料理をほめる傾向があることがわかります。「舌の上でとろける」「やわらかくてジューシーな食感」といったフレーズでやわらかい食べ物が絶賛されるのを聞いたことがあるのではないでしょうか。

ですが、やわらかい食べ物ばかりを好むのは少し注意が必要です。やわらかいものばかり食べていると、噛む力が弱くなってしまうのです。**歯や口の機能が弱まった状態を「オーラルフレイル」（フレイルは「虚弱」という意味）と呼びますが、口の機能が低下すると食べ物の選択肢が狭まって栄養に偏りが生じ、心身のさまざまな機能の低下につながってしまいます。**

噛む力は認知症とも関連があるといわれています。食事のときにしっかりと噛むことで、脳が刺激されて認知症の予防につながるのですが、認知症の人には総入れ歯の人が多く、食事のときに噛む回数も少ないのです。噛むことと全身の健康には、密接な関係があるのです。

ほかにも、よく噛むことによって「唾液量が増えて、ウイルスなどを防御する」「ホルモンの分泌を促す」「自律神経のバランスを整える」「腸内環境がよくなる」という健康効果があることもわかっています。

唾液がウイルスを撃退できるのは、唾液の中にＩｇＡという免疫物質があるからです。よく噛んで唾液量が増えるとＩｇＡの量が増えます。

自律神経を整えるためには、一定のリズムで噛むことも有効です。ゆっくりと時間をかけて食べることで自律神経がしっかりと安定するようになります。やわらかい食べ物を早食いしていては、こうはならないでしょう。

☑ よく噛むことで心身が健康になる

075

「ながら食べ」の習慣を捨てる

『孤独のグルメ』というドラマをご存じでしょうか。松重豊さん演じる主人公が食事を楽しむ姿をユーモラスに描いた作品です。私はこのドラマが好きなのですが、その理由の一つは、主人公が食事に対して正面から向き合っているという点にあります。主人公は、その料理がいかにおいしいかを独白しながら食事を楽しみます。テレビやスマートフォンを見ながら食事をし、料理としっかり向き合わない「ながら食べ」とはまったく違うものです。

「ながら食べ」をやめることは、マインドフルネスにもつながります。マインドフルネスというのは近年注目されている心理療法で、過去や未来ではなく、今に集中する精神状態を瞑想《めいそう》によってつくるというものです。

☑雑念を捨てて食事と向き合うことが重要

『孤独のグルメ』の主人公は、これまでのことやこれからのことは考えず、目の前の食事を味わうことだけに集中します。まさにマインドフルネスなのです。ドラマなので主人公のモノローグのセリフが流れるのですが、私はこれもいいと思っています。実況中継のように自分が食べているものについて語ることで、雑念がなくなりますし、食べる速度もゆっくりになります。

食べるスピードがゆっくりだと、噛む回数が増えます。噛むことの重要性は、先述しましたが、噛む回数を増やすことでウイルスや細菌の侵入を防げますし、自律神経も整います。

何よりも、「ながら食べ」をやめると食事のおいしさをしっかりと楽しむことができます。さまざまな健康効果を得られるだけでなく、食事を楽しむことでストレスも減らせるのですから、ぜひとも習慣化していただきたいものです。

076

「おいしくない」食事をやめる

健康維持やダイエットのために無理な食事制限をしたり、おいしくないのに我慢して体にいいものを食べたりする食事は、結局のところ体に悪影響を与えてしまうと考えられています。それがどんなに体によいものだったとしても、「おいしくない食事をとる」ということがストレスになり、腸内環境や血流の悪化につながり、それによって自律神経のバランスも崩れてしまうのです。

食事とは、本来楽しいものであるはずでしょう。好きなものをおいしく食べたり、親しい友人や家族、パートナーとおいしいものを共有し、その時間をも楽しむ豊かで幸せなものではないでしょうか。それをないがしろにして、世にあふれるダイエット法や食事術にしたがっておいしいスイーツを我慢し、大好きな揚げ物や炭水化物を避け、**食べたくないものを無理にとろうとするストイックな食事こそ、「第二の脳」とも呼ばれる腸に悪影響を与えるのです。**

腸は自律神経の働きや精神的な影響をダイレクトに受ける器官です。仕事のプレッシャーや人間関係のストレスなどで下痢や便秘になってしまうのも、腸がダメージを受けていることの表れです。また、腸の状態が悪くなると副交感神経の働きが低下し、血管も収縮して血流が悪くなり、これにより全身のあらゆる器官や細胞も調子が悪くなって体全体に悪影響がおよぶおそれもあります。

現代社会に生きていれば、ただでさえストレスにさらされますが、さらに楽しいはずの食事においても制限を設け、自らにストレスを課すことは非常にナンセンスです。おいしく豊かな食事こそ、ストレスを解消してくれるものであり、自律神経のバランスを整えてくれる真の健康的な食事法といえるでしょう。

☑ おいしい食事が健康維持の最大のポイント

077
パフォーマンス低下を招く「満腹状態」をやめる

午後の仕事をこなすためのエネルギー補給として、昼食をとることは大切です。しかし、満腹になるまで食べてしまうと、消化吸収のために大量の血液が使われるため、脳の血流が不足してしまうのです。その結果、午後の会議で居眠りをしてしまったり、集中力が低下してパフォーマンスが落ちてしまったりするので、昼食はやはり「腹八分目」に抑えることがベストです。

食事をしているときは交感神経が優位な状態ですが、食後に消化器官が動き出すことで副交感神経が優位になります。この急激な転換が昼食後の眠気や疲れを誘発させる最大の原因なので、これをいかに緩和させられるかがポイントです。そのため、先述した早食いなどもこの急激な転換の原因になるので、ゆっくり時

満腹状態では戦闘態勢に入れない

食後の眠気や疲れを防ぐポイント

・「腹八分目」に抑える

・よく噛んでゆっくり食べる

・腸内環境を整える

間をかけて食べることが大切なのです。

また、**たくさん食べたほうが栄養素を吸収できてパワーがみなぎると思われがちですが、栄養素の吸収力は食事の量ではなく腸内環境で決まります**。自律神経が整い、腸内環境も良好であれば、腹八分目に抑えたとしても、午後の仕事の活力には十分な栄養とエネルギー源になりえるのです。食事量のコントロールは、重要なビジネススキルの一つだといえるでしょう。

078

無茶な「炭水化物抜きダイエット」をやめる

米のほか、小麦を原料とするパンやうどん、パスタといった、主食にあたる炭水化物をまったく食べないことで減量を目指す「炭水化物抜きダイエット」というダイエット法がありますが、これはあまりおすすめしていません。どうしてもやりたい場合には、主治医と相談してください。ある程度ならＯＫですが、極度な炭水化物抜きダイエットは、最初は痩せても結局は脂肪が燃えない体になって逆効果だともいわれますし、そのほかにも体に大きなダメージがおよぶ可能性があるといわれています。

炭水化物が枯渇すると、体内で必要な栄養素を吸収するために欠かせないグリコーゲンが不足してしまい、それを補おうと肝臓に急激な負担がかかります。さらにそれが続けば全身の倦怠感や食欲不振、嘔吐など、慢性の肝炎のような状態にもなりかねません。炭水化物は体を動かすためのエネルギー源です。疲れたり体力が落ちてしまったりしたときに元気を与えてくれるのは、私たち日本人にとってソウルフードともいうべき、米などの主食です。もちろん、一日3食がっつり炭水化物をとってしまうと糖質過多になり、体重をコントロールするには好ましくありませんが、まったく食べないことは健康上よくないですし、心身のパフォーマンスの低下にもつながります。

何ごとも、極端であることが最もよくないということです。**「〜抜き」「〜ばかり食べ」のような食事術やダイエット法は避け、一日3食の配分を工夫しながらバランスのいい食事を心がけましょう**。さらに、食べる順番を変えてみるといった工夫もいいかもしれません。

☑ 極端なダイエットは心身の不調を招く

079

サプリメントをなんとなく飲むのをやめる

仕事や生活環境の都合などで、バランスのいい食事がとりにくいという人は、とりきれない栄養素をサプリメントや補助食品で補ってもよいでしょう。ただ注意してほしいのは「安易に飲まない」ということです。特にサプリメントは素人判断で飲むべきではありません。極端に安いものや海外から輸入したものは注意すべきで、成分表示が不明瞭な場合や、混ぜ物が入っていることも考えられます。海外製のものは現地の人の体には合っても、日本人には合わないこともあり、それによって肝障害をはじめとした健康被害につながる危険性もあります。

さらに**3度の食事で十分に栄養素が足りているのにサプリメントなどをむやみにとるのもよくないことです**。とりすぎてしまったがために、逆に健康や美しさを害してしまうこともあるのです。サプリメントや補助食品は、あくまでも足りない栄養素を補うものであるということを覚えておきましょう。最も安全な方法は、かかりつけの医師に相談し、適切な指示を仰ぐことです。自分の体に不足している栄養素をプロの視点から判断してもらい、どういうもので補うべきかを聞くことで、安心して適切なものを取り入れることができます。

そして、サプリメントや補助食品をとるうえでの大切なポイントは、まずは腸内環境を整えることです。どんなに効果が高いサプリメントであっても、腸内環境が悪ければ、その有効成分が吸収されないので効果は期待できません。

一日3食のバランスのいい、おいしい食事を楽しく食べ、腸内環境を整えることが第一です。それでも不足してしまう栄養素があるならば、適切なサプリメントや補助食品があなたにとって助けとなってくれるでしょう。

☑自己判断でのサプリメント選びは時に危険

080
冷たい飲み物を大量に飲むのをやめる

冷えは健康の大敵ですが、特に胃腸にとっては一大事です。冷たい飲み物を飲むことで胃腸が冷やされると、体じゅうにさまざまな悪影響がおよぶことがあるのです。

胃腸が冷えると血流が下がり、血行不良や蠕動《ぜんどう》運動の低下を招きます。そうなると腸内の悪玉菌が増え、これにより腸内環境はどんどん悪くなってしまい、便秘なども引き起こしやすくなります。また、交感神経が過剰に働くので、イライラや疲れ、倦怠感などの症状が現れることもあるでしょう。

さらに、胃腸が冷えるとメンタルヘルスにもよくないことがわかっています。幸福感に関わるセロトニンなどの幸福物質の95%は腸粘膜から分泌されますが、

冷たい飲み物によって腸が冷やされると幸福物質の分泌量も下がってしまい、不安感や無気力などの原因にもなりえるのです。「冬季うつ」という、季節によって現れるうつ症状がありますが、これは寒さによる腸の冷えにも一因があると考えられています。

心身のパフォーマンスをベストの状態で維持するには、胃腸をいたわり大事にすることが大切だということです。冷たい飲み物を多く飲むのを避け、できるだけ温かい飲み物で胃腸を温めてあげることが腸内環境を整えるコツでもあります。また、飲み物だけでなく、食事もできるだけ温かいものをとることが望ましいでしょう。それでも、夏場はどうしてもざるそばや冷やし中華など、冷たいものが食べたくなるかもしれません。そんなときは、食後に温かいそば湯やお茶を飲んで、最後には胃腸を温めてあげることを意識するといいでしょう。

☑温かい飲み物で心身のコンディションを整える

081 「食欲がないのに無理して食べる」のをやめる

健康な生活を送るためには、バランスのよい食事を十分な量、とることが基本となります。ですが、「なんだか食欲がない」という日があっても不思議ではありません。ここで確かめてほしいのは、その原因です。体調不良で食欲がなくなっているのでしょうか？　それとも心配ごとがあるからでしょうか？

前者の場合は、食欲がない状態が5～7日続くのであれば、何らかの病気の可能性がありますので、病院で医師の診察を受けましょう。後者の場合は、そういう相談を受けたとき、私なら「無理して食べなくても大丈夫ですよ」と答えます。1～2日であれば、食べなくても問題ないのです。

この私の回答で注目してほしいのは、「無理して」というところです。心配ごと

が原因で食欲がなくなっているだけなのに、「毎日きちんと食べなきゃダメだ」という強迫観念で思い詰めるほうが心身にとってよくありません。「今の自分はものを食べたくない状態なのだ」と認めて、食欲が回復するのを待てばいいのです。

睡眠について相談を受けた場合でも、私は同様のアドバイスをするでしょう。何日も寝られない状態が続くのなら、医師の診察を受けるべきですが、「夜中に何度も目が覚めて快眠できなかった」という程度であれば、気にしすぎないほうが精神衛生上、よいと思います。その場合は、「眠りに落ちなくても、横になって体を休めるようにしておこう」と考えればよいのです。食事と同じで「朝までぐっすりと快眠できないとダメだ」と思い込むことのほうがよくありません。「毎日食べなきゃいけない」「毎日眠らなきゃいけない」という思い込みにとらわれず、今の自分自身の状態を受け入れることも大事な健康法の一つなのです。

☑「食べなきゃ」という思い込みのほうがよくない

Check point 4

- ☑ 野菜は、皮や芯にこそ栄養が豊富に含まれる。煮物やスープに混ぜたり、スムージーに入れたりして、捨てずにおいしく食べる。

- ☑ 時間を節約するために昼食を早食いするのは、眠気の原因となり、かえって午後のパフォーマンスが下がる。ゆっくりよく噛んで食べ、食後の眠気を防ぐ。

- ☑ やわらかいものばかり食べていると噛む力が弱まり、栄養の偏りや認知症につながる。硬いものをよく噛んで食べる習慣をつけ、全身のコンディションを保つ。

- ☑ 「ながら食べ」をやめ、食事と向き合うことで「今」に集中するマインドフルネスの効果が期待できる。ゆっくり味わうことで、よく噛むことにもつながる。

- ☑ メンタルの不調で食事が喉を通らないときは、無理して食べなくてもいい。「食事をとらないといけない」という強迫観念のほうが心身に悪影響をおよぼす。

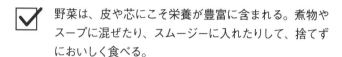

第5章

人間関係を捨てる

082
「人に好かれたい」という願望を捨てる

「人に好かれたい」という願望から、つい他人を主軸にして行動していませんか。実は人に好かれようとする行動こそが、ストレスの大きな要因となっているのです。

最近はＳＮＳの普及もあって、他人からのいい評価や悪い評価がダイレクトに伝わってしまいます。顔も名前も知らない第三者から、いい評価を得ようとＳＮＳを投稿してしまう行為も「人に好かれたい」という願望からくるものでしょう。

私自身、多くのアスリートや文化人と交流する機会がありますが、**メンタルを強く保っている方々に共通していえるのは、「他人の悪口は気にしない」という姿勢を常に持っているということです**。

著名人となると、多くの人から好かれる半面、嫌われることも多いため、まったく知らない人からの悪口に反応していてはキリがありません。

「自分のことを好きと思ってくれる人がいるのだから、嫌いと思っている人がいるのも当然」と、私の知っている著名人には、このように割り切って考えている人が多く、このマインドこそ多くの方々に共通して持っておいていただきたい考え方なのです。

人に好かれようとする行動だけでもストレスを感じてしまうのに、嫌ってくる人のことを気にしすぎる行為は、大きなストレスの一因となります。そんな人たちに振り回されたり、好かれようと努力したりすることをやめてみてください。

最初は難しいかもしれませんが、続けていくうちに、このマインドがストレスを減らす最善の方法だと気づくことができるでしょう。「人に好かれたい」という願望を捨ててみる。これこそが新しい人間関係をつくる第一歩となります。

☑ 好かれることもあれば、嫌われることもある

083 「ありがとう」が言えない人とのつき合いを捨てる

ストレスフリーな人生を送ろうと思ったら、まずは人間関係を見直さなければなりません。なぜなら、ストレスの9割は人間関係に起因するものだからです。

はっきり言って、人間関係で悩むのは、ばかばかしいことです。

あなたが「なぜあの人は自分に対して、あのようなひどい態度をとるのだろう」などと悩んでいるとき、その相手は悩みもせず楽しく過ごしている、ということもまったく珍しくありません。

そんな相手のせいで、あなた一人がストレスを感じて、深刻に思い悩むなんて、ばかばかしいことではないでしょうか。

人生からストレスを減らすためにも、つき合う相手はしっかりと選ぶべきです。

人間関係を見直すときは、「その人と会っていて楽しいか楽しくないか」「気を使うか使わないか」といったシンプルな基準でつき合いを見極めてよいと思います。

私の場合は、「ありがとう」というお礼の言葉を言えるか言えないか、というのを一つの見極め基準にしています。こちらが相手のために何かをしたときに、「ありがとう」の一言がない人。べつにお礼を言ってほしくてやったわけでなくても、モヤモヤとした気持ちが生まれてしまいます。

しかし、周囲に「あの人はお礼を言わない」と相手の悪口を言っても、人間関係の余計な火種をつくってしまうだけで、なんのメリットもありません。相手に「なんで『ありがとう』の一言がないんだ」と文句を言っても、相手がよい方向に変わることは期待できないでしょう。

そんなときは文句も悪口も言わず、ただ関係を見直すべきなのです。

☑ 自分の基準をつくり、人間関係をしっかり選ぶ

084 苦手な人と接する時間を捨てる

「この人苦手だな」と感じることは、誰もが経験することではないでしょうか。苦手な人と接する時間はストレスがたまりますし、仕事においてはパフォーマンスの低下にもつながり、いいことがありません。

苦手な人とはできるだけ、関わる時間をなくしていきましょう。仕事上、どうしても関わる必要がある場合は、メールやチャットツールといったテキストコミュニケーションを用いる、ランチ会や飲み会の席では近くに座らないなど、直接関わる頻度を少なくするように意識してみてください。

「苦手な人とは物理的な距離を置くようにする」ということを意識すれば、自分の行動スタンスを確立でき、苦手な人と接するストレスから解放されます。

しかし実際には、「苦手な人と円滑にコミュニケーションをとるにはどうしたらいいか」というように「苦手な人への対処法」を考えてしまう人が多いように感じます。この考え方は、苦手な人との時間が多くなることでストレスが増すばかりか、苦手な人へご機嫌取りをしている自分に嫌気が差してしまうことにもなりかねません。

「苦手な人への対処法」ではなく、「苦手な人といかに接する時間を少なくするか」を意識することが重要となります。ここで気をつけないといけないのは、相手や周囲の空気に負けないようにすることです。周囲の空気感に気を使ってしまい、結局苦手な人との関わりを減らせないケースがよくあります。

相手や周囲にどう思われようが、気にしないスタンスを貫く。これこそが苦手な人との関わりを捨てる大事な心構えです。

☑「どう接するか」より接点を減らす努力をする

085 ストレスにつながる恋愛はやめる

人間は、はっきりとしないものや不確定なもの、自分自身でコントロールできないものに関して「不安」を感じやすい生き物です。そして不安こそが、自律神経を乱す最大の原因だといっても過言ではありません。

不安を感じやすいシチュエーションの代表例が「恋愛」です。恋人と喧嘩をしてしまい険悪ムードでハラハラする、SNSや電話で相手から返信が来なくてドキドキする、相手が不機嫌な様子だが原因がわからないなど、恋愛は自分だけではどうすることもできないシチュエーションが生まれやすく、自律神経をかき乱されてしまう要素が満載だといえるのです。

このことをお伝えすると、「恋愛をするなということか」と反論されることも多くあります。もちろん、恋愛をすることで生きる活力になったり、お互いを励まし合ったりといった効果はあるのですが、**「恋愛をしている人」と「恋愛をしていない人」を比べると「恋愛をしている人」のほうが、いい意味でも悪い意味でも圧倒的に自律神経を乱されやすいことを事実として知っておきましょう。**

しいていえばストレスにつながるような恋愛は、やめたほうがいいでしょう。パートナーに会うのを苦痛に感じている、相手と価値観が合わないことに薄々気づいている、連絡がとれないことが多く四六時中ドキドキしてしまうなど、不安を感じやすい関係性は自律神経が乱されやすいため要注意です。

恋愛をするなとは決していいませんが、相手に依存しすぎない適度な距離感を保つことや、パートナーと連絡をとる時間はあらかじめ決めておくなど、自律神経を整えるためになるべく不安を生じさせない工夫をしてみましょう。

☑ 恋愛は不安を感じないよう工夫する

086

不必要な人間関係を思い切って捨てる

人が感じるストレスのうち、人間関係が原因となっているものが約9割を占めるといわれています。つまり、人間関係の悩みを減らせば、日々感じるストレスの大半を一掃できるということです。

ストレスを減少させ自律神経を整えるためにも、不必要な人間関係を思い切って捨てることをおすすめします。

そのつき合いは本当に必要なのか、関係を続けていくために我慢しすぎていないか、自分自身に問いながら「人間関係の断捨離」をしてみましょう。特におすすめなのは、年を重ねるタイミングで人間関係を見直すことです。

人はライフステージや環境の変化によって、つき合うべき人が変わっていくも

の。そのことを前提に考えながら、「この人間関係は自分にとって本当に必要なものなのか」をしっかり考えてみてください。無意味な人間関係に時間を割くぐらいなら、自分の趣味や好きなことに時間を使うほうが自律神経にもよく、人生において有意義な時間となるでしょう。

また、ビジネスにおいて「人間関係」は切っても切り離せない問題だと思います。ビジネスの場面では「人脈が大切」だとよくいわれますが、「その人脈は自分がストレスを抱えながらでも本当に大切にすべきものなのか」を考えてみてください。世間には、無意味な人脈を広げて自身のステータスとしている人もいますが、ビジネスで大事なのは自分を高めてくれるような人脈のみです。

人間関係はたとえ友人や知人の数が少なくても、厳選した大切な人との関係性を深くしたほうが、ストレスなく充実したものとなるでしょう。

ストレスにつながる人脈はいらない

087

苦手な人からの電話をすぐに取るのをやめる

現代はスマートフォンが普及し、電話やメール、チャットなどで気軽に連絡がとれる世の中となりました。そんな時代だからこそ、苦手な人との距離感に心を乱されている人が多いかもしれません。

苦手な人から電話がかかってきたとき、みなさんはすぐに出ていませんか。スマホの画面に「苦手だ」と感じている人の名前が表示されるだけでも、自律神経は大きく乱されてしまいます。

苦手な人からの着信があった際はすぐに出ず、一呼吸おいて落ち着くようにしてみてください。完全に落ち着いてから折り返し連絡することで、苦手な人に対してもストレスは少なく対応できるはずです。

☑ 苦手な人との連絡は自分のペースでとる

電話やメール、チャットなど連絡ツールを使用して、苦手な人と連絡をとる際には、「相手主体ではなく自分主体で連絡をとる」ことを心がけましょう。相手のペースではなく、自分のペースで連絡をとっている意識を持つだけでも、心の余裕が生まれるようになります。

電話やＳＮＳ、チャットツールなど頻繁に連絡ツールを使用する人は、電話に出る時間や返信する時間をあらかじめ決めておきましょう。特に仕事が休みの日は、「連絡を返すかどうか」自体を決めておくことがポイントです。

私の場合は、患者さんから連絡が来た際は休みの日だろうと関係なく、その場で連絡をとるようにしていますが、重要度・緊急度の高い案件以外は、休みの日は連絡を返さないようにしています。苦手な人からの連絡はすぐに返答せず、返事をするタイミングを自身で決めておくことが大切なのです。

088

「他者への過剰な期待」を捨てる

自律神経の研究者としてみなさんにお伝えしたいのは、「他者へ期待すること」は自律神経を大きく乱してしまう要因のひとつになるということです。

親の介護をしているが何をやっても不満ばかり言われる、育児と家事の両立で大変なのに夫から感謝の気持ちが伝わらない、部下に業務を任せていたが期待していた成果が上がらずがっかりしたなど、他者に期待して自律神経を乱されている人を何人も見てきました。

介護や育児、仕事の悩みに対しては、物理的に負担を減らすことも大切ですが、ここでは「メンタルに負担がかからない方法」をみなさんにご提案しましょう。

それは、「相手に過剰な期待はしないと決めておく」ということです。これをお伝えすると、冷たい考え方だと批判されることもありますが、**大事なのは「期待しない」のではなく、「期待しないと決めておく」こと**。相手の言動にモヤモヤしたり、怒りがこみ上げてきたりしたときは、「相手に期待しないと決めていたんだ」ということを思い出し、ひと呼吸入れる。それだけで、不思議と気持ちを落ち着かせることができるでしょう。

自律神経のバランスを整えるうえで共通して言えるのは、自分でコントロール不可能なことに関しては考えすぎないこと。他者のことは自分でコントロールするのが難しいですから、心配したり考えたりする時間がもったいないのです。

たとえば「感謝されるかどうか」は相手次第になりますが、「感謝されないことに傷つくかどうか」は自身でコントロールができます。「相手に期待しないと決めておく」ことを意識し、自律神経の乱れを防いでいきましょう。

☑ 期待することをやめて、感情に流されない

089 不機嫌でいるのをやめる

職場などのコミュニティで、不機嫌な態度をとる人がたまにいます。不機嫌な態度をとることで、相手を怖がらせたり萎縮させたりして、自分が望む方向に行動するようにコントロールしようという意図があるのかもしれません。

その人が不機嫌でいられるのは、周りがそれを許しているからです。いつも不機嫌な人であっても、大事な取引先との商談や、初対面かつ目上の人たちばかりの会食の席では不機嫌な振る舞いなど見せるはずがありません。不機嫌な態度をとっている人は、周囲に甘えているだけだといえるのです。そのように、不機嫌でも周りが許してくれる環境に甘えていると、幸せな未来は待っていません。

常に不機嫌で周りが気を使わないといけない上司と、常に上機嫌で周りがのびのびと働ける上司。どちらのほうが望ましいかといえば、明らかに後者でしょう。前者は上司という肩書きやポジションがなくなったとき、誰からも慕われなくなります。仕事から離れたときには、寂しい人生が待っていることでしょう。

また、不機嫌な態度が許される環境にいる人は、「何をしても相手が許してくれる」という発想から、相手に対する期待が高まっていくことも考えられます。他者への期待が高すぎると、いざ、そのとおりにならなかったときに「なんで○○をしてくれないんだ！」と不満を感じるようになります。

不機嫌な態度で生きていると、ストレスを感じる機会が増えていくということです。

相手に期待せず、自分の機嫌は自分でとりながら、常にニコニコ穏やかに過ごしていれば、ストレスフリーな人生は向こうからやってくるものです。

☑ 周囲の環境に甘えず、自分の機嫌は自分でとる

090 自分を大きく見せるのをやめる

自分のこれまでの業績や肩書などを、聞かれてもいないのに大声でアピールする人がいます。「自分はこれだけすごいのだ」と大きく見せたいのです。

しかし、そのアピールにどの程度効果があるのでしょうか。こういうタイプの人に遭遇して自慢話を聞かされても、「すごい人だ」と感心することは少ないでしょう。ただ、「ああ、自慢が好きなのだな」としか思いません。残念ながら、こうしたアピールをすることによって、逆に「この人は自分を実力以上に大きく見せたいのだろう」と見透かされてしまうのです。

人とのコミュニケーションでの余計なトラブルを避けるためには、自分を大きく見せないほうがいいのです。たとえば、ゴルフの実力を聞かれたときに実際のスコアより高く答えても嫌味に聞こえるだけですし、「じゃあ、今度一緒に回りましょう」となったときには恥をかくことになるでしょう。

自分のことを聞かれたときには、「実力をアピールするチャンスだ！」などと考えず、当たり障りのないことを答えておくのがおすすめです。

実力以上にアピールすることには、相手の期待のハードルを上げてしまうという弊害もあります。たとえば、おすすめのお店に知人を連れて行くときに「日本一おいしいお寿司だよ」とアピールすると、相手の期待が無駄に上がってしまい、「聞いていたほどにはおいしくないいな」と思われてしまうかもしれません。大きく見せると、実力以下の印象を与えてしまうリスクがあるということです。

本当に自分の実力を見せるチャンスがきたときには、わかってくれる人はちゃんとわかってくれます。無駄に大きくアピールする必要はないのです。

☑ トラブルを避けるためには自慢話を避ける

091

空気を読みすぎるクセをやめる

日本人に共通していえることですが、「空気を読みすぎる人」が最近多いように感じます。この原因は、これまでの教育環境や日本特有の価値観などが関係しているかもしれません。しかし、私が関わりのある優秀な人たちは空気を読まず、それどころか周囲の空気に鈍感な人が多い印象です。

「空気を読むこと」を当たり前にしていると、他人の評価ばかりを気にする「他人軸」での生き方がしみついてしまいます。そのような生き方では、他者からの評価を気にしすぎてしまうあまりに不安がつきまとい、疑心暗鬼になりかねません。

不安や疑心暗鬼の状態が続くと自律神経が大きく乱れ、心のバランスが保てなくなります。特に相手から言われる悪口に関しては、それを言った本人のストレス発散や憂さ晴らしでしかなく、まともに受け取るだけ無駄だといえるでしょう。

成功を収める人たちは「悪口を気にするだけ無駄」と理解しているため、他人からの評価を気にせず空気を読まないのです。これを伝えると「自分のことしか考えない自己中心的な人」と思われがちなのですが、優秀な人たちは他者への気配りや配慮は丁寧であり、自分にとって大切な人にはしっかりと向き合います。「他者からの無責任な評判には左右されない」というメンタリティが大切なのです。

このメンタリティを大事にしていると人間関係がよくなるという効果もあります。自律神経のバランスが似ている人どうしが周囲には集まりやすく、自律神経が乱れている人のもとにバランスのいい人は集まってこないからです。「空気を読みすぎない」を意識し、無責任な人からの評価は気にしない。そうすることで自律神経のバランスは整い、良好な人間関係が築けるものです。

✓ 自分軸を確立し、よりよい人間関係を築く

092

いつまでも同じポジションに居座るのをやめる

ある程度の年齢になってくると、仕事の場において下の世代が育ってきます。あなたが指導してきた部下が、期待以上に仕事で力を発揮してくれるようになった、ということもあるでしょう。

そうなったら、いつまでも自分自身のポジションを死守する姿勢はよくありません。下の世代にポジションを引き渡すことを考えるべきです。

自分がこれまで懸命に守ってきたポジションを手放すことに抵抗を覚える人もいるかもしれません。しかし、これまでのポジションを捨てることで新しいポジションを手に入れることができる、という考え方もできるのです。下の世代に引き継ぐことによって、改めて自分自身のことに集中できるということです。

そうはいっても、組織の中で重要な役職や立場を得た人は、そのポジションにどうしてもこだわってしまうかもしれません。

ですが、そうしたポジションにいつまでも居座ることはできません。定年退職などで組織を離れるときがくれば、そのポジションからも離れることになるのです。そのとき、**組織内の一つのポジションしか自分の心の拠りどころがなかったら、退職したとたんに自分のポジションが消え失せることになるのです**。

一つのポジションにこだわらず、後進にどんどんバトンタッチしながら、新しい自分を常に探し続ける姿勢のほうが、前向きで充実した生き方だといえるのではないでしょうか。

既存のポジションを守り抜くことよりも、今の自分をどんどん更新し、常に新しいフィールドを追い求める姿勢が大切なのです。

☑ポジションを譲り、新たなポジションに向かう

093 若者に迎合するのをやめる

仕事においてもプライベートにおいても、若い世代と関わったときにジェネレーションギャップを感じるのは当然のことです。

そうしたときに、過剰なほど若い世代に理解を示そうとする人がいます。まるでジェネレーションギャップなど存在しないかのように振る舞う人です。

それがその人の本心からの態度なら問題はないのですが、自分の中にある自然な感情を犠牲にしているのだとしたら、無理に若い世代と同じ目線に立とうとするのはやめたほうがいいでしょう。

もちろん、時代の変化とともに価値観が変わるので、モラルの面などでアップデートしないといけない点もあります。技術の進歩も、仕事をうまく回すために必要になることであれば、積極的に学んで対応できるようにしていくべきでしょう。

ですが、それ以外の必要のない部分まで、無理をして時代についていくことはないのです。

無理して若い世代とうまくやっていく必要もない、というのは「若者と対立しろ」という意味ではありません。「本心とは違うのに、過剰に迎合しなくてもいい」ということです。

あなた自身がこれまでの人生で積み上げてきた考え方やライフスタイルなどを否定せず、若い世代との違いを受け入れながらコミュニケーションをとっていけばいいのです。それと同じように、若い世代固有の考え方も否定することなく尊重すべきでしょう。国が違えば文化が異なるように、それぞれの世代に、それぞれの文化があるのです。

自分を抑圧してまで時代を追う必要はない

094

「嫌いだから協力しない」というマインドを捨てる

対人関係を考えるときの大前提は、「相手を変えることはできない」というものです。したがって自分が苦手な相手、嫌いな相手の行動については悩んでも仕方がないと私は考えています。悩むことで相手の問題ある行動や態度が変わるのならよいのですが、相手は変わらないのですから、悩んでも意味はありません。

そんな嫌いな相手であっても、もし相手が協力を求めてきたのなら協力したほうがいいでしょう。これは相手のためというより、自分のためでもあります。

嫌いな相手が何かしらの協力を求めてきたときのことをイメージしてみてください。冷たく断って相手を突き放す自分と、広い心で相手を助ける自分の両方を想像したときに、どちらのほうがあなたにとって気分がよいでしょうか。たとえ嫌いな相手であっても、後者のほうが気持ちよく受け入れられるのではないでしょうか。善人である自分のほうが誰にとっても受け入れやすいものですから、相手に協力する自分のほうが魅力的に映ったのではないかと思います。

魅力的で望ましい自分でいることは精神衛生上よいことですし、協力することで余計な敵をつくらないというメリットもあります。多忙など、仕方ない理由で断った場合でも、相手はこちらに悪意や敵意を向けてくるかもしれません。そうした事態を避けるという意味でも、協力したほうがいいのです。

嫌いな相手からの頼みごとを断って、相手が困っているのを見たときに留飲《りゅういん》は下がるかもしれません。ですが、そうした心地よさは一時的なものにすぎません。

また、相手に協力した場合でも、その見返りは期待しないほうがいいでしょう。相手に期待しないほうがいいというのも対人関係の大切なポイントです。

☑気持ちよく協力して余計な敵をつくらない

095

感情にまかせて判断するのをやめる

「人間は感情の生き物」とよくいわれます。人の行動は、感情の影響を大きく受けるという意味です。理性では「Aという道を行くのが正解」とわかっている場合でも、感情が「AではなくBという道を行きたい」といった場合、ついついそちらに従ってしまうこともあるのです。

感情に従った結果がよいものなのかというと、必ずしもそんなことはありません。感情は見たくないものを見ない傾向があるので、重要な要素を見逃してしまい、よくない結果を導くことも多いのです。このような理由から、何かの判断を下すときには、感情を優先しすぎるのは避けるべきだといえます。

自分自身の「好き嫌い」を優先して物事を判断している人もいますが、これもよくありません。洋服やその日のランチのメニューを選ぶぐらいなら好き嫌いが基準で構いませんが、たとえば就職先の会社を選ぶときに好き嫌いだけで判断するのは避けたほうがいいでしょう。

その会社や仕事の内容が好きであるというのはとても大事なことですが、それだけでなく、給与や福利厚生などの条件面、その会社の将来性なども判断材料にして冷静に考えないといけません。

判断するときは明確な根拠に従うべきでしょう。感情や好き嫌いでの判断は揺らぎがちですが、根拠のある判断ならしっかりとした結論を出すことができます。

また、重要な問題の場合は、時間をかけずに即決することはおすすめできません。即決だと感情に従ってしまう危険性が高まるので、きちんと信頼できる情報をじっくりと集めてから結論を出すべきでしょう。

根拠のある合理的な判断をするべき

096
人を妬んだりうらやんだりするのをやめる

この本では、さまざまなものを捨てることをみなさんにおすすめしていますが、捨てるのがいちばん難しいけれど、もし捨てられたら人生がうまくいくと私が常々考えているのが、先述したように「プライド」です。

自分が自分自身を評価して生まれたプライド、つまり自信であればいいのですが、他人の評価にもとづいたプライドは厄介です。このプライドがあると**他人の目を意識しすぎるあまり、「周りからこんなふうに見られたい」などと考えるようになるので、自分にとって本当に大切なものを見誤ることにもつながります**。

プライドは人生を狂わせるといっても過言ではないでしょう。

プライドがあると「他人によく見られたい」という願望を持つようになるので、

他人を正当に評価することも難しくなります。人間誰しも嫉妬の感情を持つものですが、それにとらわれすぎると、「なぜ自分よりあいつのほうが評価されるんだ！」といったように嫉妬の感情が強まってしまいます。

嫉妬の感情で心の中がいっぱいになるとストレスで疲弊します。そうなると本来の力が発揮できなくなり、嫉妬している対象との差が余計に開いてしまうでしょう。もしも嫉妬の感情が生まれたら、あえて相手をほめてみてください。口に出さなくても、心の中でほめる形で問題ありません。

まったくほめるところが見つからないのであれば、悪口などの否定的なことを言わないようにするだけでもいいでしょう。「あいつなんか大したことない」などと悪口を言ったりすると、嫉妬の感情がさらに高まってしまいます。悪口を言わないだけで、嫉妬の感情の高まりを抑えることができるのです。

嫉妬の感情が芽生えたら、相手をあえてほめる

097
何の目的もない集まりに出席するのをやめる

人とのつき合いを見直す中で、私が捨てたもののひとつに会食の習慣がありまます。若い頃は、会食に出席することで何か得られるものがあるのではないかと考えて、断らずに出席するようにしていましたが、今は誘われても基本的に出席していません。特に参加人数が多く、出席しても何のための会合なのかがわからないものは避けるようにしています。

会食を断る理由は、出席しても得られるものがないばかりか、ストレスを感じるだけだからです。これなら自宅で食事をしたほうがいいように思います。

「職場の飲み会はあまり気乗りしないけど、断りづらい」という人も多いと思いますが、飲み会も「人間関係を良好にする」「つき合いが悪い人と思われないよ

うにする」といったように出席する目的が明確ならいいのです。

ここで問題にしているのは、出席する目的が明確でない会合です。ただでさえ乗り気でない状態で、何のために出席するのか目的もわからないのであれば、参加してもストレスしか感じません。出席する目的が自分の中で見いだせるかどうかで、参加不参加を決めるのがいいでしょう。「これなら参加する、参加しない」と、自分の中で明確な基準を持っておくのがおすすめです。

会合に参加するかしないかの基準は、ほかにも「楽しいか、楽しくないか」や「同席する相手に気を使うか、使わないか」などもあるでしょう。「楽しそうだったら参加する」などというシンプルな基準でいいのです。

こうした自分の中の明確な基準にしたがって会合に参加するかしないかを決めていけば、ストレスを感じることがありません。

☑ 参加する基準を自分の中で持っておく

098

ラブラブな夫婦へのあこがれを捨てる

人間関係にはさまざまなしがらみがあるものですが、その中でも特に大きいのは仕事に関するものと、家族関係のものでしょう。近い存在だからこそ家族間の人間関係に難しさを感じる人も多いと思います。夫婦の場合は、もともとは他人どうしだったわけですから独特の難しさがあるものです。

夫婦関係の難しさで悩んだときに「昔の恋人時代のようにラブラブな関係に戻れたら幸せなんじゃないか」という願望を抱く人もいるかもしれませんが、実は恋人どうしのような夫婦というのは理想的な関係性とはいえないのです。

旦那さん、奥さんと一緒にいると心が落ち着くというのならいいのですが、恋人のような関係だと、一緒にいたときに交感神経が高まってリラックスモードとはほど遠い状態になってしまいます。これでは自宅に帰って夫婦で一緒に過ごしていても、心は決して休まりません。

交感神経が高まりすぎて睡眠の質が下がれば、次の日に出勤してからの職場でのコンディションにも悪影響が出てしまう危険性があります。

よいコンディションで生活することを望むなら、理想の夫婦というのは互いの顔を見ると気が休まるような関係です。ただし、これはあくまで理想です。ほかの人間関係と同じように理想のものが実現するとは限りません。「自分たちは理想の夫婦じゃない……」と悩むより、適切なところで落としどころを見つけるべきでしょう。

自分たちなりの落としどころが決まれば、夫婦という関係が安らぎをもたらすものになるはずです。

☑理想の関係ではなく、落としどころを見つける

099 責任を一人に押しつけるのをやめる

仕事などでチームを組んでプロジェクトを進めていくと、一人のメンバーのミスが原因でそのプロジェクトが失敗することがあります。しかし、そんなときでもその一人を責めるのはチームにとっていいことではありません。

チームスポーツの代表ともいえる駅伝競走に、置き換えて考えてみましょう。駅伝競走は、複数のメンバーがリレー形式で長距離を走破する競技です。一人の力だけでは勝てませんし、メンバーの誰かが不調だと、チームの成績は悪くなってしまいます。

ある駅伝大会で、好調でトップだったのに、最終走者が体調不良で他チームに抜かれて下位に沈んだとします。この結果の責任は、いったい誰にあるのでしょうか？　最終走者に責任があるという意見が多いかもしれませんが、**最終走者の体調不良を見抜けなかった他のメンバーや、体調不良を申し出にくいチームの雰囲気をつくった監督にも責任があるのかもしれません**。

ここで重要なのは、一人に責任を押しつけるのはチーム全体にとってメリットがないということです。一人に責任を押しつける体制だと、メンバーは「失敗してはいけない」と過剰なプレッシャーを感じ、ベストなパフォーマンスが発揮できなくなります。これではチーム全体の成績も悪いものになってしまいます。

チームを率いてプロジェクトに取り組むリーダーは、メンバー一人ひとりに「失敗してもあなたの責任にはならないから、思いっ切りやってほしい」と伝えるべきです。そうすることで、メンバーは萎縮することなく活動できるようになり、結果的にチーム全体のパフォーマンスが向上するのです。

☑ チームの失敗の責任はチーム全体にある

100
「正義のないほう」を選ばない

悩みを解決しようとするとき、「正義のないほうを選ばない」ようにするのが一つのポイントです。

何かの問題について、Aを選ぶか、Bを選ぶかという二択で悩んでいる状況があるとします。その答えを導き出すときに、人としての正義のないほうを選んでしまうと、のちのちよくないことが起こる可能性が高いのです。

たとえば、会社でいじめや嫌がらせの現場を何度か目撃したとします。自分の後輩が、自分の先輩から被害を受けていることを知ったとき、そのまま黙っているか、勇気を持ってその先輩社員に注意をするかという場合。自分の立場を守りたいがために「見て見ぬふり」をすることもできますが、勇気を持って注意をしたり上長に報告したりするのが、正義のある選択肢でしょう。

正義のないほう、つまり見て見ぬふりを選択した場合、やましさや罪悪感をずっと引きずったまま生きていくことになるのです。

悩んだ末に答えを導き出すとき、「自分が思う正義に従っているか」「誰に恥じることのない、胸を張れる選択なのか」を自問自答してみるといいでしょう。

「正義のないほうを選ばない」という選択方法は、あなたにとってメリットがあります。**正義のないほうは往々にして「儲けたい」などの欲、「相手をおとしめたい」などの邪心が絡んでいるものです。そうした欲や邪心にとらわれた精神状態は正常のものとはいえませんから、ベストなパフォーマンスにつながりにくいのです。**

「自分は人として正しいことをしている」という自信が心身のコンディションの安定につながり、よりよい結果を生むものです。

☑ 胸を張れる選択で、心身のコンディション向上を

Check point 5

- 苦手な人とは「接し方」を工夫するよりも、やりとりをメールのみにする、飲み会には同席しないなど「接する時間」を物理的に減らすのが有効。

- 他者に期待しすぎると、自律神経の乱れにつながる。裏切られたときのストレスを減らすために、「期待しない」ことをあらかじめ決めておく。

- 空気を読むのがクセになっていると、他人の評価のために生きる「他人軸」の人生になってしまう。周りの目を気にしすぎず、「自分軸」で生きる。

- 自分のポジションをいつまでも死守しようとせず、積極的に後進に譲ることで、新しいポジション、新しい人生のスタートが切れる。

- 重要な選択を、感情にまかせて即決するのはNG。信頼できる明確な根拠をもとに、ある程度時間をかけて決断するのが重要。

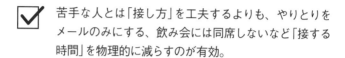

STAFF

編集　丹羽祐太朗、細谷健次朗（株式会社G.B.）
本文デザイン　森田千秋（Q.design）
DTP　G.B. Design House
装丁　tobufune
イラスト　藤井昌子
編集協力　龍田昇、鳥飼アミカ、五十嵐直人、阿部静、坂下ひろき、海老原一哉

小林弘幸（こばやし・ひろゆき）
1960年、埼玉県生まれ。順天堂大学医学部教授。日本スポーツ協会公認スポーツドクター。自律神経研究の第一人者として、プロスポーツ選手、アーティスト、文化人へのコンディショニング、パフォーマンス向上の指導に携わる。『医者が考案した「長生きみそ汁」』（アスコム）、『整える習慣』（日経BP日本経済新聞出版本部）、『医者が考案した！ 自律神経も人生も整う片づけの法則』（宝島社）など、著書・監修書多数。

捨てる勇気100

2024年5月23日　第1刷発行

著　者　小林弘幸
発行人　関川 誠
発行所　株式会社宝島社
〒102-8388
東京都千代田区一番町25番地
電話：（編集）03-3239-0928
（営業）03-3234-4621
https://tkj.jp

印刷・製本　サンケイ総合印刷株式会社

ISBN 978-4-299-05425-8